面向命运共同体的中柬全面战略合作伙伴关系

中外联合研究报告（No.9）

Cambodia-China Comprehensive Strategic Partnership toward a Community with a Shared Future

王灵桂　〔柬〕宋独/主编

赵江林　〔柬〕金平　顾佳赟/执行主编

社会科学文献出版社
SOCIAL SCIENCES ACADEMIC PRESS (CHINA)

前　言

中国和柬埔寨是近邻，是传统的友好伙伴关系。近代以来，中柬相似的历史遭遇、共同的斗争经历，使两国人民坚定地站在一起。中柬关系经历国际风云变幻考验，历久弥新，坚如钢铁。2020年，是中柬两国建交第62个年头。在一个甲子多的时间里，两国各领域交流合作有序开展，取得了丰硕成果。自1958年中柬两国建交以来，双方不管是在处理国际事务、发展地区经济，还是在人文交流方面，都有着高度契合的立场和需求，双方"亲诚惠容"的合作关系情同手足，为其他双边关系的发展树立了典范。

中柬关系是中国周边外交中非常重要、特殊的关系，有很多其他双边关系不具备的特点。正因为这些特点，中柬关系发展到很高的水平。其中一个重要特点就是双方有着悠久的交往历史和深厚的传统友谊。从国家领导人到普通老百姓，从西哈努克太皇时期一直延续到现在，这种深厚的友谊无所不在。双方领导人在不同场合经常称对方为"铁杆朋友"，所谓铁杆朋友就是能在关键时刻顶住压力，坚定维护对方核心利益和重大关切。中国网民把柬埔寨称为"柬钢"，意为两国友谊像钢铁一样坚固，就是对中柬关系的生动写照。

中柬两国有着相互支持、相互帮扶的优良传统。长期以来，中方在力所能及的范围内为柬经济社会发展和民生改善做出了积极努力，中国已经是柬埔寨的最大投资国和第一大贸易伙伴。柬埔寨这些年发展势头非常好，每年经济平均增速保持在7%左右，民生明显得到改善，基础设施不断完善。中国在柬埔寨快速稳健发展当中的作用，也得到了洪森首相、柬埔寨政府和社会各界的高度认可。

第一，中资机构加大对柬经贸投资，增加柬民众就业机会。截至2018年底，中国对柬投资额达到200亿美元，中资企业占柬主导产业——制衣制鞋企业总数的七成,创造了数十万个就业岗位,仅西港经济特区就吸引了当地2万多人就业。第二,扩大在柬电力领域投资,缓解柬民众用电压力。中资电力企业在柬已建成的电力线路共8000多公里,投资建设的电站发电量占柬总发电量的八成,有效降低了企业生产成本和居民生活成本,为柬民众带来了切实好处。第三,不断加大对柬援助力度,改善柬民众生活条件。中企利用各种融资为柬修建了3000多公里高等级公路,架设8座大型跨河大桥,已建成的水利项目灌溉面积达45.6万公顷。第四,中方协助柬方修建了中柬友谊医疗大楼、特本克蒙省医院等大型医院,并在柬乡村及偏远地区大量铺设乡村公路、打井修渠、修缮校舍,极大改善了当地基础设施,造福了当地人民。

在中柬经济合作不断取得丰硕成果的同时,人文交流也取得了重要进展,两者互相促进,筑牢了两国合作的坚实根基。如,近年来,中柬在文化、旅游和教育等领域合作不断拓展、内涵日益丰富。仅2017年,柬埔寨接待中国游客超过120万人次,同比增长46%,中国成为柬埔寨最大外国游客来源地。未来,我们将共同努力,进一步促进中柬文化交流,继续拓展中柬旅游合作,深化教育领域合作,扩大两国互派留学生和人员培训规模,推动两国人民加深相互了解、增进彼此感情。

中国社会科学院是隶属于国务院的、中国顶尖、门类齐全的国家级智库,在哲学社会科学领域的基础研究和应用研究方面,有着举足轻重的地位和作用。早在2011年,中国社会科学院就和柬埔寨皇家科学院签订了战略合作协议,并在各个研究领域进行了广泛的交流合作,对促进中柬人文交流合作、实现民心相通做出了重要贡献。

进入21世纪,世界政治经济格局发生了一系列变化。与此同时,贸易保护主义、孤立主义、民粹主义等反全球化思潮有所抬头。面对复杂的国际形势带来的机遇和挑战,我们更需要携起手来,砥砺前行,共同应对;通过加强国与国之间的政策沟通与对接,解疑释惑,增进了解,加强合作,共同应对挑战。中柬领导人提出率先打造具有战略意义的中柬命运共同体,这是基于全面推进两国关系健康稳定发展作出的战略决策,意义重大,影响深远,有利于推动中柬全面战略合作伙伴关系不断巩固发展,将中柬关系建设成为你中有我、我中有你、平等相待、互利共赢的铁杆关系；同时，能够在周边地区形成重要示范导向，在构建中国—东盟命运共同体、亚洲命运共同体过程中发挥先导作用。

实践证明，加强沟通，促进发展战略和规划对接，找准共同的行动方向，通过基础设施、经贸、投资、金融、人文等各领域项目合作，建立顺畅的交流、沟通、磋商渠道和机制，促进相关执行机构有效衔接，及时解决规划实施及项目执行中面临的问题和困难，是两国关系向前推进的重要保障。我十分期待中柬智库能在推动共建"一带一路"高质量发展，推进亚洲命运共同体构建等方面，做出应有贡献。

我们坚信，通过此次论坛的举办，双方将更有效对接，在未来的合作中进一步相互了解、凝聚共识、形成合力、共促发展，共同为推进两国关系迈上新台阶、共建"一带一路"高质量发展、推动亚洲命运共同体构建，不断开辟新思路、建立新渠道、探讨新方法。

高培勇

中国社会科学院副院长、学部委员

2020 年 3 月 31 日

目　　录
C O N T E N T S

中柬经济合作

中柬社会文化合作与互联互通

主题报告

柬中关系迈上新台阶

宋 独

（Sok Touch）

柬埔寨皇家科学院院长、院士

柬中关系有近 2000 年的历史。然而，正是柬埔寨王国领导人西哈努克和中华人民共和国国务院总理周恩来于 1955 年万隆亚非会议上的会晤，才使得两国关系亲密起来。1956 年，西哈努克亲王访问北京，签署了柬中友好宣言。1958 年 7 月 19 日，柬埔寨与中华人民共和国正式建立外交关系。

在宣言中，两国表示愿意遵守作为两国关系指导方针的和平共处五项原则。两国领导人清楚地认识到，两国关系不仅符合两国的利益，也符合世界的利益。

柬中双方政府努力建立友谊，互相尊重与信任，并更好地进行合作。两国政府首脑承诺全面遵守万隆会议的决定，促进并加强国家间的沟通，消除本地区国家间的不信任。

尽管两国远隔千山万水，语言与政体亦不相同，但微笑是我们共同的语言，两国同饮一江水——湄公河与澜沧江，共呼吸，有着建立良好关系的共同目标。无论在什么情况下，中国始终重视同柬埔寨的关系，支持柬埔寨走符合自身国情的发展道路。

2006 年 4 月，中柬双方同意将两国关系提升为全面合作伙伴关系，并于 2010 年将两国关系提升为全面战略合作伙伴关系。此外，两国还于 2019 年 4 月签署了《构建中柬命运共同体行动计划（2019—2023）》。

最近，柬埔寨和中国在政治、经济、军事和社会文化方面的合作非常密切。投资贸易额显著增长。这一趋势极大地促进了两国政府努力加强和扩大两国的关系与合作，也极大地促进了柬中两国人民对两国历史的相互了解。此外，它向两国及其人民传递了更进一步维护和平、友谊、发展和合作的信息。

两国关系现处在历史上最好也是最高的水平，这种关系是更为全面的，也是更具有战略性的。中国是柬埔寨社会经济发展的最大支持者。柬中两国是好兄弟、好邻居、好伙伴。两国一贯相互支持，相互合作。

两国领导人进行了国事访问和高层互访。两国在国际和地区事务中的合作和相互支持日益密切和扩大。两国高层达成高度的政治共识，两国相互理解、相互尊重、相互支持，共同维护中国—东盟关系良好局面和地区和平与安全。在中国与东盟国家务实合作中，柬埔寨始终走在前列。

中国正同包括东盟国家在内的发展中国家开展产能合作，柬方积极参与了这一进程，与中国签署了谅解备忘录。柬中也是自贸区升级谈判、地区全面经济合作伙伴以及新启动的澜湄合作等"东盟＋1"框架下的好伙伴。

柬埔寨是"一带一路"倡议最大的支持者之一，因为据信该倡议会带来巨大的经济机遇。两国处于不同的发展阶段，具有互补性。两国最高层的政治关系非常好，在政治上都是稳定与和平的。从政治上看，柬埔寨是中国最古老也是最亲密的朋友。从经济上看，中国是柬埔寨最大的外国投资来源者、主要的捐赠国，也是日益重要的贸易伙伴。从文化上看，中国价值观深深植根于柬埔寨社会的许多方面。

在"一带一路"建设合作中，中国投资了柬埔寨的许多大型项目。公路、铁路、机场、海港、水电站、经济特区及工业区等的基础设施的发展，是"一带一路"倡议合作给柬埔寨带来好处的范例。"一带一路"倡议给柬埔寨经济发展带来了非常积极的影响。这一倡议不仅给参与国带来巨大的好处，也是一个推动基础设施、经济、投资、金融等领域互联互通与合作以及民心相通的长期战略。

在中国政府的资助下，两国在文化、政府官员、媒体、青年和学者等方面展开了交流。在贸易、旅游、教育和文化交流方面，两国关系达到了一个新的高峰。中国企业和人民大量涌入柬埔寨，为该国发展和GDP做出了巨大的贡献。

柬埔寨已成为中国游客的重要旅游目的地，吸引了大量中国游客到来。受益于"为中国准备"政策（China Ready Policy），中国游客入境柬埔寨数量大大增加。柬旅游部2018年的统计数据显示，2018年中国赴柬游客突破200万人次，2019年前9个月这一数字则是186.4956万人次。这是一个令人惊喜的数字。

旅游业现在不仅在经济效益和创造就业方面发挥着非常重要的作用，还促进了柬埔寨丰富多彩的文化和文明方面的发展。同时，遗产保护对促进旅游业非常重要。通过旅游业和遗产保护，柬中人民能够相互交流并学习彼此的文明。

中国游客数量在赴柬外国游客中位列第一。中国游客和投资是柬埔寨旅游产业未来发展的关键。柬埔寨十分清楚地认识到这一趋势，通过热情好客的服务，以及友好对待，准备好迎接中国游客，并且给投资者提供友好的投资环境。

柬中关系是各国友好共处、密切合作的典范。正如习近平总书记反复强调的那样，中国与柬埔寨是友好邻邦，是情同手足的好兄弟。而这也是柬埔寨领导人一贯强调的。两国珍视经受住时间和国际风云变幻考验的传统友谊。

柬埔寨王国首相洪森亲王十分重视柬中关系。他以智慧和远见，肯定了柬中关系在政治、经济、社会文化等各方面的重要意义。亲王认识到，柬埔寨不能孤立自己，它不能缺少发展上的伙伴。重要的是，柬中友好关系始终建立在两国权利平等、主权平等、互利互助的基础上。事实上，洪森亲王的双赢政策为柬埔寨带来了全面的和平，这让其他的国家，特别是中国，给予他信任。

2016年10月，中华人民共和国国家主席习近平在访柬前致柬埔寨人民的信中强调，柬埔寨是海上丝绸之路重要的一站。柬埔寨因其丰富的历史和独特的高棉文化举世闻名。吴哥窟宏伟的建筑和瑰丽的浅浮雕，真正体现了柬埔寨人民的聪明才智，在人类文明史中闪耀着光芒。

进入 21 世纪，柬埔寨的发展日新月异，人民生活更加美好。它正朝着光明的未来前进。

面对这一情形，柬埔寨这个勇敢的国家，最终必须为其当代和下一代的生存而奋斗。柬埔寨人必须思考竞争的机遇和未来的愿景，也必须开始同其他国家一起解决问题。而在这个过程中，增强自身存在，加强与其他国家的和平合作和互利互惠，绝对是一个重要因素。

"患难见真情"，这是一个如此正确且高尚的口号。作为柬埔寨的好朋友，中国一直在帮助柬埔寨。柬埔寨王国也始终坚定支持"一个中国"原则。柬埔寨和中国是历史悠久的朋友，可以追溯到近 2000 年前扶南国时期朱应和康泰访问柬埔寨。

总之，柬埔寨政府把柬中关系放在优先地位，因为中方一贯坚持不干涉原则。柬中关系从睦邻友好关系升级为全面战略合作伙伴关系、互信互助关系，达到了历史上最好也是最高的水平。柬中关系是该地区和世界其他国家合作的重要典范。

中柬命运共同体建设：
迈向新时代的中柬关系

王灵桂

中国社会科学院国家高端智库理事会副理事长

2018 年是中柬建交 60 年，在过去的 60 年里，中柬历经风雨，仍然保持着紧密的伙伴关系，时间证明中柬之间有着牢不可破的友谊和互信，有着坚实的社会经济联系，有着广阔和深厚的未来发展基础。

2019 年是中柬迈向下一个 60 年的开局之年。开局伊始，中柬两国政府于 4 月签署《构建中柬命运共同体行动计划（2019—2023）》，旨在加强两国在政治、经济、贸易、投资、旅游、人文交流的关系。签署构建命运共同体行动计划是中国政府对外关系的新提升，是对"亲诚惠容"周边政策的新实践。该计划是中国政府对外签署的第一个命运共同体文件，柬埔寨也成为首个与中国签署构建命运共同体行动计划的国家，不仅标志着双边关系进入一个新的发展阶段，也表明中国政府希望为中国—东盟关系发展、为亚洲地区新型伙伴关系发展树立典范。

今天我主要想讨论以下几个问题：什么是中柬命运共同体？与过去相比，中国的外交理念与实践在发生哪些变化？我们该如何建设中柬命运共同体？中柬智库在未来应该加强怎样的合作？

作为外交理念，中国最初提出命运共同体的时间是在 2013 年 4 月举办的博鳌亚洲论坛上，中国国家主席习近平强调各国应牢固树立"命运共同体"意识；之后，于 2017 年初提出人类命运共同体概念，并且该概念于 2017 年 2 月 10 日被写入联合国决议当中，成为当今人类新理想的共享用语,同时也作为新时期中国外交建设的新理念,成为指引中国对外战略方向的崇高原则。

什么是命运共同体?对这一概念,目前的文献研究并没有给出统一的或规范的定义,不过基本的认知是把命运共同体视为一种理念、一种过程、一种实践;是具有独立意识的行为体之间建立的共同发展、共担责任、共享未来的关系;是在当今全球化背景下,两个或多个行为体对某种外部稳定关系的追求。中柬命运共同体建设旨在应对当今复杂多变的国际环境,两国政府通过建立更加广泛、更加深厚的经济社会关系达到共同发展的目的。将命运共同体作为一种行动计划,是中国外交史上的新突破,也是中柬两国在世界外交史上的首创。

作为中国新时期重要的外交理念,命运共同体建设有其自身的内涵。第一,命运共同体是对和平共处五项原则的继承,不因命运共同体建设而干涉他国内政,不因命运共同体建设而将自身的想法凌驾于他国之上,不因命运共同体建设而对他国进行强取豪夺,命运共同体建设仍是以拓宽发展概念为主线,充分挖掘两国各自优势,拓展两国的合作空间,在共同关心的问题上进行深度磋商。命运共同体建设是有边界的,要以和平共处五项原则为前提。命运共同体建设将会拉近两国经济社会联系、深化两国关系,但这种发展是不以损害伙伴国主权独立、政治独立为前提的。第二,命运共同体寻求的是建立更加紧密的伙伴关系,特别是在对外关系上,对地区问题、全球问题有着共同的目标、共同的原则和共同的话语,比如,主张共同发展、反对赢者通吃,主张和平、反对霸权,主张多边主义、反对单边主义,等等。第三,命运共同体需要深化全球合作发展空间,特别是彼此的合作空间,使经济社会发展建立在依托内部资源和外部资源两种资源基础之上,打破一国发展主要依靠内部资源,而对外部资源利用不足的局面,从而使经济社会获得更快更好的发展。

中柬命运共同体构想已有一段时日。早在洪森再次当选首相和柬埔寨人民党在第六届国会选举中获胜后,习近平主席和李克强总理向洪森首相发贺电时就表示,"中国将一如既往地支持柬埔寨走符合本国国情的发展道路,中国愿和柬方共同努力,推进中柬全面战略合作伙伴关系的发展，共同构建具有战略意义的命运共同体"。2018 年初，李克强总理在访问柬埔寨且与洪森首相会谈时提出，"携手打造中柬具有战略意义的命运共同体"，将中柬关系的性质定位为中国与邻国关系的最高层次。2019 年 1 月，中华人民共和国政府和柬埔寨王国政府联合新闻公报提出，在新的历史时期，双方要进一步加强全面战略合作，为构建中柬具有战略意义的命运共同体制订行动计划，重点加强政治、经济、安全、人文四大领域合作，推动两国关系在下一个 60 年取得更大发展。

中柬建设命运共同体的基础是什么？

首先，两国有着稳固的政治关系。柬埔寨是中国的友好近邻，两国一直保持着"伙伴 + 兄弟"的关系。长期以来，中国几代领导人与西哈努克亲王的友好交往不断增进了两国人民的深厚友谊。柬政府在中国重大关切问题上始终予以坚定支持，是可信赖的战略合作伙伴。2010 年 12 月 13 日中柬两国宣布建立"全面战略合作伙伴关系"。2016 年澜沧江—湄公河对话合作机制（以下简称"澜湄合作"）成立，为中柬两国进一步深化双边经贸合作提供了区域新平台、新机制。2016 年 10 月，习近平主席对柬埔寨进行了成功的国事访问，再次将中柬传统友谊和两国全面战略合作伙伴关系推向新的历史高度。习近平主席和洪森首相就扩大、深化两国各领域务实合作达成广泛共识，并见证签署了《中柬产能与投资合作备忘录》等 31 份合作文件。过去的 15 届中国—东盟博览会，洪森首相曾 11 次率团出席，是出席次数最多的东盟国家领导人。连续两年，柬政府派出高规格代表团出席中国国际进口博览会，展示柬埔寨国家形象、民族特色，展示柬埔寨企业优质产品。

其次，两国有着快速发展的经济关系。中国已成为柬最大贸易伙伴、最大外资来源地、最大发展援助伙伴和最大游客来源国。中方统计，2018 年两国贸易额达 73.9 亿美元，增长 27.6%。2019 年 1 ~ 9 月，中柬双边贸易额达 68.8 亿美元，同比增长 28.8%，中国稳居柬第一大贸易伙伴地位。柬方数据显示，2016 年到 2019 年 8 月，中国对柬埔寨投资累计 79 亿美元，占境外在柬总投资额的 35%，排名第一。柬方统计，中国是柬第一大贸易伙伴、第一大进口来源国和第一大大米出口市场。中国广阔的市场为柬优势农产品出口提供了巨大发展空间；中国的机械设备、原料等为柬制造业发展提供了有力支持。一批重点投资项目取得积极进展，实现互利双赢。西哈努克港经济特区一期5平方公里已开发完毕，入园的生产类企业已达130多家，为当地提供了2万多个就业岗位，工业产值对西哈努克省的经济贡献率超过50%。最显著的成果是西哈努克港经济特区和柬中综合投资开发试验区。西哈努克港经济特区是"一带一路"在柬埔寨的先导项目，是由中国江苏红豆集团主导、联合中柬企业共同开发的国际经贸合作区。在"一带一路"倡议下，西哈努克港经济特区获得了快速发展，成为"一带一路"在柬埔寨的标志性工程，得到中柬两国高层的高度肯定。2016年10月访柬前夕，习近平主席在《柬埔寨之光》报发表的题为《做肝胆相照的好邻居、真朋友》的署名文章指出，西哈努克港经济特区成了中柬两国务实合作的样板。柬中综合投资开发试验区是一个综合性的开发区，包括经济产业合作区、休闲旅游度假区、生态农业种植区、海洋产业区等。项目还包括机场、码头、高铁、高速公路等交通基础设施配套工程，建成后将为柬埔寨当地经济社会发展、创造就业岗位提供巨大的支撑，也将成为柬埔寨吸引外来游客的重要目的地。中资企业在柬共投资建设10座水电站和1座火电站，装机总量占柬全国常规装机的93%。2018年上网电量占全国上网电量的90%，同比增长31.6%。其中，2018年正式投产发电的华能桑河二级水电站装机容量40万千瓦，是柬最大的水电站，洪森首相2018年12月亲赴现场出席投产仪式并讲话，对中资企业为帮助柬电力发展所做出的贡献予以充分肯定。中国为柬埔寨机场、公路和港口等基础设施的改善提供了巨大的支持和帮助，如中国通过提供无息或者优惠贷款，支持和帮助柬埔寨在金边和暹粒修建两个新机场，支持柬老（挝）输电线路的建设，还支持柬埔寨修建一条从金边到西哈努克港的高速公路。2018年，中柬在道路、桥梁等交通基础设施领域的合作项目密集开工、启用，洪森首相多次出席相关活动，见证了中柬在"一带一路"框架下互联互通领域的合作和成果。当前，越来越多的中资企业赴柬投资兴业，这充分说明中国投资者对柬经济发展及中柬经贸合作前景持乐观态度。2019年3月，金边—西哈努克港高速公路举行盛大开工仪式，建成后将是柬第一条高速公路。暹粒吴哥国际机场项目各项工作也正在积极推进中。在"一带一路"框架下，中柬两国在基础设施、建材、农业、旅游业和制衣业等领域的产能合作都取得了诸多硕果。2019年5月，100吨柬埔寨香蕉进入中国市场，实现柬埔寨水果首次输华。同时，中国进口柬大米配额已经升至40万吨，成为柬大米的头号买家。中国已成为柬埔寨最大的旅游客源国，中柬之间每周有近400个航班。旅游业是柬埔寨的第二大支柱产业，为了吸引中国游客，柬政府发布《2016—2020年吸引中国游客战略》及标题为《为中国准备》（*China Ready*）的白皮书。2018年，中国赴柬游客已超过200万人次，柬埔寨赴中国游客超过10万人次，同比增长均超过60%；2019年1~7月，中国赴柬游客达150.1万人次，同比增长37%，占柬接待国际游客的39%。

最后，中柬两国有着深厚的人文基础。据文史记载，中国同柬埔寨的交往始于公元1世纪末，即东汉章帝元和元年（公元84年）。当时柬埔寨就向中国遣使并赠送生犀和白雉。公元244~251年，东吴政权遣使出使扶南，这是中国使节首次访问柬埔寨，也是中国第一次派专使与南海诸国进行交往，其意义非常重大。使节康泰回国后撰写了《吴时外国传》，这是中国乃至世界最早介绍柬埔寨的一部著作。新中国成立后，数十年来，两国领导人像"走亲戚"一样常来常往。西哈努克更是把中国视为"第二祖国"。中国和柬埔寨在科教方面的交流更是数不胜数。中国政府通过奖学金形式累计接收柬留学生逾2000人，每年为柬培训各类人才200余名，派遣近200名中文教师赴柬支持华文教育。如中国商务部专门主办了柬埔寨教育数字化培训班，为其教育行业和广大教师提供专业培训；中国文物专家长期驻扎柬埔寨，帮助保护和修复柬埔寨文物，包括吴哥古迹王宫遗址修复等。中国医疗专家多次赴柬埔寨巡回义诊，为患病民众实施白内障手术；中国还援助柬埔寨建立了流动诊所，为边远地区的民众提供医疗服务。在中文学习方面，由江西九江学院与柬埔寨皇家科学院合办的孔子学院进展顺利，已经培养柬埔寨各领域各阶层学员8万多人，下设27个教学点，其中包括3个孔子课堂，覆盖柬埔寨12个省市和多个国家机构。近年来，中柬两国友好城市或姐妹城市的数量也不断增长，包括金边与北京、重庆，暹粒与澳门等。中国政府奖学金项目已累计接收 2000 多名柬留学生。"吴哥的微笑"大型文化旅游驻场演出备受欢迎。越来越多的在柬中国企业在自身发展的同时,也主动融入当地社会,自觉履行社会责任,积极参与各类社会公益活动,得到了当地民众的认可和欢迎,为促进两国民心相通做出了贡献。

如何建设中柬命运共同体?

一是继续积极利用"一带一路"倡议、"澜湄合作"等迅速推进包容性经济发展模式,夯实命运共同体的外部地区经济环境建设。柬埔寨是中国"一带一路"和周边命运共同体建设重要一环。2013 年中国提出"一带一路"倡议,这是中国基于过去近 70 年包容性发展思路,希望通过"五通"建设,实现共同发展。针对澜湄非发达地区,中国又特别推出"澜湄合作",2014 年 11 月,李克强总理在第 17 次中国—东盟领导人会议上提出"为促进东盟次区域发展,中方愿积极响应泰方倡议,在 10 + 1 框架下探讨建立澜沧江—湄公河对话合作机制",确定互联互通、产能、跨境经济、水资源、农业和减贫五个优先合作方向。中国政府希望澜湄地区通过合作实现共同发展,为世界其他地区创造合作发展的典范。正如李克强总理所言,"我们发展的根本目的是要让人民过上好日子"。

二是加快中柬发展战略对接,做好顶层设计,充分发挥两国经济互补优势,为中柬命运共同体建设奠定经济基础。近年来,柬埔寨全面推进"四角战略"("四角"是指农业、基础设施、私营企业和人力资源开发,并提出柬埔寨未来经济优先发展的十大领域,即农业、水利、交通基础设施、电力、人才培养、工业及工业品出口加工、旅游业、石油天然气及矿产开采、通信信息业、贸易)和《柬埔寨工业发展计划(2015—2025)》等国家发展战略。在基础设施领域,柬埔寨需要进一步改善基础设施。据世界银行公布的《连接到竞争 2018 年:全球经济中的贸易物流》(Connecting to Compete 2018: Trade Logistics in the Global Economy),柬埔寨在世界上 147 个国家物流指数(LPI)排名中居第 89 位,越南排名第 45 位。"一带一路"倡议与柬埔寨"四角战略"和《2015—2025 年工业发展计划》将会合力解决柬埔寨基础设施问题。

三是做好重点项目建设工作。2019年初，双方制定了争取2023年双边贸易额达到100亿美元的目标，并将适时启动中柬双边自贸协定初步可行性研究（预可研）。充分利用现有领域合作成果，积极推动"一带一路"和"澜湄合作"早期收获项目、示范性合作项目落地，为中柬命运共同体建设起到示范作用。积极推进农业合作、人力资源开发合作、金融合作等。重点加强农产品深加工合作，建立农业和农产品深加工产业园区，提高农产品附加值；推动金融领域合作和金融基础设施援助。利用丝路基金、亚投行、金砖国家开发银行的设立和有效运作，构建国际合作组织融资机构，完善多边金融支持体系。

四是加强非经济领域建设工作，为推进中柬合作创造条件。加强人力资源合作，筑建民心相通平台，对接柬埔寨王国政府提出的以优化行政管理为核心的战略目标，借助中国援外培训、学历教育、研修、考察交流等多种形式，加强人力资源合作政策对接、项目合作以及经验技术交流，筑建民心相通平台，促进人力资源互联互通，通过将"请进来"和"走出去"培训模式有益补充结合，把人力资源合作培育成区域合作新亮点。积极塑造中国形象，提高企业国际化水平。创新合作方式，探索以合资、参股等方式与境外企业开展第三方投资，建立战略合作关系或产业联盟，减小境外投资阻力，发挥综合竞争优势。加强行业自律，提升企业组织化程度，提供决策咨询服务，规范企业对外投资行为，防止无序竞争。审慎应对境外监管，切实遵守投资所在国的法律法规，充分尊重当地的文化习俗，注重资源节约利用和生态环境保护，履行好社会责任，主动塑造良好形象。

五是加强中柬减贫合作，通过直接投资、双边贸易、人道援助等多种方式，推进柬埔寨减贫工作。援助是一时减贫，长期减贫需要依靠经济发展。中国减贫经验充分表明，走外向型发展道路是迅速终结集体性贫困的有效举措。研究表明，中柬双边贸易的快速发展、中国对柬埔寨的直接投资对柬埔寨减贫具有显著的推动作用。另外，中国向柬埔寨提供各种经济技术的援助，包括成套项目、物资项目和农业、教育等领域的项目，也有效地帮助柬埔寨减少了贫困。未来可进一步加大直接惠及民生的医疗、教育、住房、就业等方面的合作力度，使柬埔寨迅速摆脱贫困。

2016 年，柬埔寨被亚洲开发银行誉为"亚洲经济新虎"。根据亚洲开发银行预测，2019～2020 年，柬埔寨是东盟地区经济增长最快的国家。国际组织把柬埔寨由最不发达国家提升为中等偏下收入国家。近年来，柬埔寨克服世界经济增长乏力的影响，国内生产总值已连续五年保持 7% 以上的增长速度。柬埔寨产业结构正在发生积极变化。农业占 GDP 比重从 2010 年的 36% 下降到 2018 年的 23.5%，工业从 23.3% 上升到 34.4%，服务业从 40.7 上升到 42.1%。柬埔寨正处于快速工业化变革初级阶段，需要依靠投资来拉动经济增长，实现全民收入的快速提升。从目前数据来看，柬埔寨要实现投资拉动经济增长的目标，仅仅依靠国内储蓄是不够的，需要引进大量的外资，将资本投向基础设施、制造业等部门，一方面改善经济增长的条件，加快工业化进程，推动工业化目标的实现，使柬埔寨迅速从农业国转向工业国；另一方面，全面提升民众收入水平，迅速从中低收入国家向中高收入和高收入国家迈进。

当前，中国经济发展已经进入新常态，正在从工业国向服务大国转变，正在从投资拉动经济转向消费拉动经济增长。2018 年中国服务业已占 GDP 的 55% 左右，创历史新高。过去中国与世界的贸易关联主要依靠的是资本品和零部件、原材料，这表明中国与世界经济关系是以生产关系为主，而非以市场关系为主。今天这一情况正在发生变化，2010 年中国从世界进口消费品占全部进口的 26.3%，2018 年这一比例上升到 42.5%，表明中国正在转变与世界的关系，中国正在从生产制造世界产品转向消费世界产品，从有潜力的世界市场转化为现实的世界市场。

中柬命运共同体建设、中柬广阔的合作空间和现实基础，为中柬智库交流与合作创造了服务两国发展的重要机遇。中国政府早已认识到智库在推动地区合作与发展方面的作用，在 2017 年"一带一路"国际高峰会议上特别增加了智库论坛；2019 年在北京举办的亚洲文明对话大会上，习近平主席专门提出要建设"亚洲智库交流合作网络"。

2019 年 11 月 5 日，在上海举办的第二届中国国际进口博览会虹桥国际论坛框架下的"70 年中国发展与人类命运共同体"论坛上，多个国家的学者提出要加强智库交流与合作。例如荷兰学者提出，"智库应该通过各种不同的、富有创新、更加契合实际的方式找到更多的人类社会面临的挑战的解决方案，并推动这些解决方案落地"。柬埔寨皇家科学院秘书长杨鹏也提出，"智库在追求'人类命运共同体'过程中将扮演非常重要的角色，智库之间的沟通和合作也将进一步加深彼此的互信、建立共识，进一步帮助亚洲实现更高的追求"。

经中国政府批准，在该论坛闭幕式上，中国国务院新闻办公室郭为民副主任、中国社会科学院副院长蔡昉见证了智库交流合作网络20家首倡者的联合签字仪式。中国社会科学院院长谢伏瞻作为发起方、笔者作为智库交流合作网络秘书处代表、柬埔寨皇家科学院的金平先生作为外方智库代表之一，20家中外智库联合签署了智库交流合作网络建设倡议书。笔者相信，该合作网络会给我们所有国家的智库提供非常重要的平台，提升我们互相交流的水平，改进政策咨询服务的方法。

这个论坛也是我们这个智库交流合作网络计划下举办的第一个研讨会，希望未来能够与更多的亚洲智库加强合作，共同为推进中東关系发展、地区合作发挥智库应有的作用。

正确看待中柬关系

奇夫－伊桑

（Chhiv Yiseang）

柬埔寨王国外交与国际合作部国务秘书

谈到柬中关系，我想回顾一下具有历史意义的一次会晤，即 1955 年 4 月，柬埔寨诺罗敦·西哈努克亲王在印度尼西亚万隆市举行的亚非会议（也称万隆会议）期间第一次与时任中国总理周恩来会晤。这次会晤为两国领导人 1956 年的互访奠定了基础，随后在 1958 年 7 月 19 日，中国和柬埔寨正式建交外交关系。此后，由已故西哈努克国王和中国毛泽东主席共同建立的历史性外交关系在中柬两国领导人的努力下越来越稳固。几十年来，两国领导人不断克服障碍，增进双方友谊，带领两国实现繁荣发展，增进人民福祉。自 1999 年以来，洪森首相对中国进行了 19 次正式访问，诚意显而易见。

2010 年 12 月 13 日，柬中全面战略合作伙伴关系正式建立，推动两国合作和友谊更上一层楼。柬中全面战略合作伙伴关系协议的实施使两国外交关系坚如磐石。

在 2012 年 11 月 18 日中国共产党第十八次全国代表大会上，习近平同志呼吁构建人类命运共同体，提出和平发展政策和人类命运共同体的概念。这是一条基于和平共处、合作共赢、平等伙伴关系、可持续发展的原则，为各国人民创造和平与发展的战略政治途径。

在这一新框架下，为推动柬中全面战略合作伙伴关系更加紧密、强大、高效，为高水平合作注入政治动力，洪森首相在 2019 年 4 月出席第二届"一带一路国际合作论坛"时，和中国签署了《构建中柬命运共同体行动计划（2019—2023）》。

根据这一行动计划，两国将继续努力加强合作，在尊重主权、独立自主、平等互利、合作共赢的原则的基础上，在政治安全、经济、商务、社会文化旅游、环境保护等领域推动建立更加全面牢固的关系，特别是加强两国年轻一代之间的合作。

关于行动计划的签署，某些国家通过媒体散布虚假信息，声称柬埔寨与中国签署秘密协议，允许中国军方使用位于西哈努克省的雷姆海军基地。洪森首相认为，这一虚假消息是某些国家为了谋求自身地缘政治利益，对柬埔寨图谋不轨。在柬埔寨不存在中国军事基地，因为建立外国军事基地是违反柬埔寨宪法的。为什么柬埔寨需要在自己的土地上驻扎中国军队？事实是，中柬两国领导人根本没有讨论过这个问题，更不用说签署这样的协议了。柬埔寨外交政策坚持同各国友好合作的原则，欢迎各国来柬埔寨投资。

中国的全面改革和快速发展不仅造福了中国人民，也造福了世界各国人民。到 2050 年，中国有可能在科技创新领域领先全球。中国要实现"两个一百年"奋斗目标，到 2021 年实现全面建成小康社会，继续把中国建成一个富强、民主、文明的社会主义现代化强国。中国领导层已经对这两个目标开展计划和实施。

中国的发展也一直在推动柬埔寨和亚太地区及世界各国的经济社会发展。中国通过设立"丝路基金"和建立亚洲基础设施投资银行，不断推进其"一带一路"倡议，以加强伙伴关系，通过实实在在的基础设施、机构建设，民众交流，贸易、金融和文化合作，推动"一带一路"共建国家共享发展成果。

2018 年是柬埔寨和中国正式建交 60 周年。中国已成为柬埔寨主要贸易伙伴之一，为柬埔寨提供的发展援助也居首位。中国已成为柬埔寨最大的外资来源国和最大的旅游客源国。此外，到目前为止，中国也是为柬埔寨提供政府奖学金名额最多的国家。

2018 年，中柬双边贸易额达到 73.9 亿美元，实现了两年前的目标（为 2020 年计划的）。双方确定了到 2023 年实现贸易额 100 亿美元的新目标。为了实现这一新目标，中柬两国于 2019 年 12 月开始就自贸协定进行谈判。1994 年至 2019 年间，中国在柬埔寨的投资额为 210 亿美元。到柬埔寨旅游的中国游客已增加到 2024443 人次，提前达到预期（原计划到 2020 年达到 200 万人次）。

总的来说，当前的中柬关系建立在两国优良传统、历史往来和平等互信、互利互惠的基础和原则上。柬埔寨严格奉行"一个中国"政策，中方也坚决尊重柬埔寨的独立和国家主权。

除了双边合作之外，中柬两国一直并且会继续在各种区域和国际框架下进行合作，例如湄公河—澜沧江合作和其他区域与国际论坛，以及联合国框架。中柬两国坚定践行多边主义原则，特别是多边贸易体制。世界贸易组织是推动以相互尊重、公平、合作共赢为原则的国际关系的核心动力，以实现构建人类命运共同体的目标。中柬关系必将朝着构建命运共同体的方向前进，实现两国和两国人民和谐发展。

柬埔寨—中国迈向命运共同体：
我们共同成长

金 平

（Kin Phea）

柬埔寨皇家科学院国际关系研究所所长

柬中正式建立外交关系至今已有 60 余年，两国关系由两国老一辈领导人建立起来，并持续发展至今。这一传统友谊经受住了时间和国际风云变幻的考验，两国十分珍惜。

2006 年 4 月，中国与柬埔寨同意建立全面合作伙伴关系，随后于 2010 年 12 月又升级为全面战略合作伙伴关系。此外，两国还于 2019 年 4 月签署了《构建中柬命运共同体行动计划（2019—2023）》。柬中关系必将迈向两国及其人民共同和谐发展的命运共同体，本文旨在简要介绍柬中关系的历史，以及两国如何携手构建命运共同体。

柬中关系至少可以追溯到 13 世纪（1296～1297 年），在这一年，中国特使周达观（高棉语名 Chiv Ta Koan）访问了吴哥王国。700 多年后的今天，两国关系空前紧密。尽管两国外交历史源远流长，但直到二战期间及 1953 年柬埔寨脱离法国独立后，两国关系才变得真正密切起来。

1958 年 7 月 19 日，柬埔寨与中国正式建立外交关系。历任中国领导人都和西哈努克国王关系密切，并与他本人结下深厚友谊。这为西哈努克亲王执政期间两国关系长期稳定发展打下坚实基础。西哈努克国王在 20 世纪 60 年代帮助中国打破国际封锁，并致力于在联合国驱逐台湾当局的代表、为中国大陆争取一席之地。对于西哈努克国王的这些作为，中国长期以来一直深表感激。

两国关系在柬埔寨独立后的早期得到进一步发展；而在个人层面上，西哈努克亲王更是能够同历任中国领导人建立深厚的友好关系。正是这种友好关系为两国长期合作打下坚实基础。

自 1997 年以来，两国关系显著发展。2000 年，江泽民成为首位访问柬埔寨的中国国家领导人。全国人大常委会委员长李鹏和总理朱镕基分别于 2001 年和 2002 年访柬。1997 年后，洪森首相经常访问中国。

2000 年，柬中关系迎来了三个重要里程碑中的第一个里程碑。11 月，时任中国国家主席江泽民成为首位访问柬埔寨的中国国家领导人。访问结束时，两国签署了《中华人民共和国和柬埔寨王国关于双边合作框架的联合声明》。该协议标志着两国政府、议会、政党和武装力量之间更大规模双边合作的开始。联合声明还包含两国进行外交磋商及扩大贸易投资关系的条款。

柬中关系的第二个里程碑则出现在 2006 年 4 月时任中国总理温家宝访柬期间。访问结束时，两国签署了全面合作伙伴关系协议。该文件规定两国就加强两党关系、立法机构交流以及就国际和地区问题进行磋商。温家宝承诺在未来四年里向柬提供 6 亿美元的财政支持。两国还同意加速中国—东盟自由贸易协定谈判，推动东盟—中国战略对话。

2008 年 12 月，中国在金边开设了中柬友谊台，此后开办首个孔子学院，这进一步推动了双边关系的发展。这些是两国共同努力促进柬埔寨人参与中文学习、语言和文化项目的一部分，并得到了柬埔寨政府的批准。

柬中关系的第三个里程碑出现在 2010 年 12 月，洪森首相和时任中国国家主席胡锦涛于北京进行会晤，同意将双边关系提升为全面战略合作伙伴关系。访问行将结束时，两国签署了加强能源安全、基础设施建设、金融和领事工作合作的协议。

2012 年是柬中全面战略合作伙伴关系的重要转折点。2012 年，柬埔寨担任东盟主席国，主持了东盟部长级会议、峰会以及其他与东盟有关的会议，如"东盟＋3"峰会、东亚峰会等。同年，胡锦涛主席和温家宝总理分别访问柬埔寨。每次访问后，两国双方都达成了新的援助和贸易协议。

胡锦涛于 3 月底 4 月初访问柬埔寨，时值第 20 次东盟峰会前夕。这是 12 年来中国国家元首首次访柬。据媒体报道，胡锦涛呼吁，作为东盟主席国的柬埔寨不要过快"推动"南海问题发展，此提议得到柬方保证，柬方将在南海问题上同中国观点相同，即南海问题不应被国际化。《中国日报》（2012 年 3 月 31 日）援引中国驻柬大使的话说，"作为东盟会议主席国的柬埔寨，将帮助协调中国和其他东盟国家的关系"，柬方将敦促其他东盟国家不要让南海问题影响了双边关系。

2019 年 4 月，两国签署了《构建中柬命运共同体行动计划（2019—2023）》。根据该行动计划，两国承诺在政治、安全、经济、民间关系和多边合作这五个领域采取 31 项措施。

柬埔寨全面积极支持"一带一路"倡议，从中获得了巨大的经济发展机遇。截至 2017 年底，在中国的支持下，柬埔寨建成了超过 2000 公里长的道路、7 座大桥和金边自治港的一座新集装箱码头。柬埔寨还审议通过机场项目，斥资近 30 亿美元建设暹粒新国际机场、国公省的七星海国际机场和干丹省的国际机场。更有意义的是，中国交通建设集团有限公司建造了耗资 20 亿美元的金边—西哈努克高速公路。

在能源领域，中国投资超过 75 亿美元建设水力发电站、约 40 亿美元建设煤电厂，还投资了约 30 个农业和农工项目（其中 21 个正在进行中）。

中国参与了西哈努克港经济特区（SSEZ）的建设。截至 2017 年，该项目吸引了 100 多家中国和其他国家公司投资，总投资额超过 30 亿美元，为当地社区创造了 20000 个就业岗位。此外，中国在纺织品和服装业的投资也为柬埔寨社会经济发展做出巨大贡献，为近 100 万名柬埔寨工人创造了就业机会。

柬埔寨发展理事会（CDC）公布的数据显示，1994 年至 2019 年，中国在被批准的外国直接投资累计总额中占比最高（21.81%），早年这些投资主要面向基础设施、能源、包括橡胶在内的资源开发、旅游等领域。

截至 2017 年，中国以赠款和软贷款的形式，向柬埔寨提供了约 42

亿美元的官方发展援助（ODA）。这一官方发展援助的目标是发展基础设施、农业、卫生和教育。中国也是柬埔寨公共外债的主要持有国。截至 2017 年底，柬埔寨公共外债为 96 亿美元，其中 42% 由中国持有。中国还承诺从 2019 年到 2021 年向柬埔寨提供 6 亿美元赠款。

在旅游领域，有 15 家航空公司定期往返中国和柬埔寨。2019 年前 9 个月，柬埔寨接待了中国游客约 180 万人次，到 2020 年超过 200 万人次。

在教育领域，从 2004 年到 2017 年，中国向柬埔寨来华留学生提供了超过 1000 份奖学金、超过 700 份短期培训奖学金。在中国政府的资助下，两国还开展了政府官员、媒体、青年、学者交流等项目。

与中国的良好关系，使柬埔寨在政治、战略特别是经济方面获益良多。然而，从外部的观点来看，它与中国的健康关系使其与世界其他大国的外交关系变得模糊。因此，我们建议柬埔寨采取多方位的外交政策，不要过度关注单一大国，这将平衡柬埔寨对外事务，扩大与其他友好国家的国际合作空间。

柬中友好关系不应阻碍柬埔寨同其他国家或强国的交往，也不能使柬埔寨处于风险之中。柬中友好关系始终建立在两国权利平等、地位平等原则和尊重彼此利益的基础上，同时坚持互不干涉原则。凭借"一带一路"倡议，中国成为地区和国际发展及互联互通的引擎。"一带一路"倡议横跨亚洲、欧洲、非洲大陆，一边是生机勃勃的亚洲经济，另一边是繁荣昌盛的欧洲经济，中间则是拥有巨大潜力的国家。

贸易战大国、支持全球主义者以及反全球化潮流之间愈发针锋相对，使各国竞争愈发激烈，地缘政治愈发充满不确定性。在这一背景下，每个人都期待通过"一带一路"倡议，世界各国能共同携手创造绿色、健康、智慧、和平的丝绸之路，维护全球化进程，使经济更有活力、更加包容、更强大、更稳定、更可持续。

众所周知，中柬两国关系正处于正确的轨道上，让两国（尤其是柬埔寨）取得了积极的成果。中国的贸易流和投资、前往柬埔寨的中国人民为柬埔寨 GDP 的发展做出了巨大贡献，但也引发了对中国人在柬埔寨形象的误解和误判等问题。要应对这一趋势，需要中国人更好地了解当地人的文化与传统，并根据规则来进行投资和贸易。促进两国民间关系发展，需要与文化教育同步进行，并且要考虑到世界的多元文化下，两国人民行为的差异。

若我们观察地理情况，柬埔寨没有与中国接壤。但两国因湄公河和澜沧江而相连，这两条河流是重要的农业灌溉来源，也是生活在这个流域的两国人民食物来源的重要保障。湄公河和澜沧江为农业、工业和河流生物多样性提供了所需的水源。

在政治上，两国关系始终建立在尊重主权、互不干涉内政、尊重彼此利益的基础上。柬埔寨始终坚持"一个中国"的原则立场。此外，在"东盟＋3""东盟＋1"等东盟多边和双边框架内，以及在澜沧江—湄公河合作框架中，柬埔寨也与中国保持着良好的关系。

两国坚定维护多边主义，特别是多边贸易体制，以世界贸易组织为核心推动国际关系发展，秉持相互尊重、平等相待、合作共赢的原则，推动构建人类命运共同体。

从经济角度看，中国是柬埔寨最大的外资来源国、捐助国和贸易伙伴。中国为柬埔寨发展做出了重要贡献。

除了在柬埔寨巨大的经济和政治影响力，中国文化和语言也无缝融入了柬埔寨社会。从人口上看，中国是世界头号人口大国。众所周知，华人遍及世界各个角落，他们带来了中国的文化、传统、信仰等。柬埔寨也同样受到影响。

两国的关系是健康的。这种关系不局限于官方协定和安排，也不局限于政府间的会晤和互动。人文交流一直是柬中社会文化合作的重要领域。在中国政府的资助下，两国还开展了文化、政府官员、媒体、青年、学者交流等项目。在贸易、旅游、教育和文化交流方面，两国关系达到了一个新的高峰。柬中必将迈向两国及其人民共同和谐发展的命运共同体。

然而，两国需要促进文化对话，继续就柬中合作及其最新方向与发展进行进一步的坦诚对话。两国研究人员和利益相关方必须充分了解柬中关系和合作的演变与发展，重点关注政治、经济、社会文化合作和互联互通方面的成就、挑战和机遇以及下一步的行动。此外，双方应设立会议中心，方便开展对话，进一步探讨東中合作及其最新方向和发展，以减少有关方面的误解和困惑。两国应落实一些达成一致意见的措施，以进一步推动双边合作，促进两国和该地区的和平、和谐与繁荣。

中东政治和安全合作

中柬：深化政治合作

林梦华

（Lim Menghour）

柬埔寨亚洲愿景研究所湄公河战略研究中心副主任

柬埔寨和中国建立了长期友好的合作关系。在现任柬埔寨王国政府的领导下，柬埔寨更加重视与中国的关系，柬中关系达到史上最高水平。两国的合作框架不断强化，并推广到各个领域，柬中两国一直密切合作，加强和发展两国民众和两国之间更密切的政治、经济、社会文化合作和人文交往。本文分析了柬中深化政治合作的关键方面。

一 引言

在 1958 年 7 月 19 日正式建交之前，柬中两国就有着悠久的友好往来历史。研究表明，柬中关系可以追溯到元朝，即 1296～1297 年元成宗时期中国使团访问高棉帝国首都吴哥，使团中有位地理学家周达观在回国后著成的《真腊风土记》一书中，提到吴哥的繁荣、当地文化和高棉人民的日常生活（Zhou et al.，2007）。除了长期的传统关系外，中柬两国有着相似的文化，这在很大程度上是因为有中国侨民居住在柬埔寨境内。根据菲利皮的说法（Filippi，2013），大约 800 年前，中国不同地区的居民来到柬埔寨。而大约 400 年前，中国人到达柬埔寨的数量有所增加。随着这些中国人的到来，柬埔寨文化与中国文化开始在一定程度上融合。到目前为止，两国关系不断向前发展，特别是在已故国王诺罗敦·西哈努克主政时期发展尤为迅速。

在柬埔寨王国政府的领导下，柬埔寨更加重视与中国的关系。例如，中国在 2013 首次提出"一带一路"倡议时，柬埔寨是第一个支持该倡议的国家，因为这样可以成就更强大的东盟—中国关系。在这种情况下，柬埔寨可以发挥非常重要的作用，成为中国连接其他东南亚国家和加入"一带一路"倡议的其他国家的桥梁。中国是柬埔寨的最大外资来源国。从 2001 年 7 月到 2018 年 6 月，中国向柬埔寨提供了 52.7 亿美元的财政援助；同时也成为柬埔寨最大的贸易伙伴，2018 年贸易额达到73.9 亿美元（Othman，2019）。随着中国和柬埔寨直达航班的开通，两国旅游业也呈现增长趋势。在军事方面，中国向柬埔寨无偿提供了训练、住房、卫生、工程和交通援助（Othman，2019）。据报道，就连柬埔寨皇家武装部队的人员也接受了中方的训练。从 2004 年到 2019 年，2000 多名柬埔寨学生获得中国政府奖学金（Othman，2019）。可以说，中柬两国的关系已经扩大到合作框架的几乎所有方面。本文主要探讨中柬政治合作的深化。

二　中柬政治合作：软实力、战略利益与外交政策

"今天的中国就像一条从几个世纪的睡眠中醒来的巨龙，突然意识到许多国家一直在践踏自己的尾巴"（Mahbubani，2005：49）。在习近平主席的领导下，"中国崛起"（发展）一词在国内外得到了广泛传播。在人民大会堂与来自 16 个国家的 20 位专家会面时，习近平主席指出，中国走的是一条和平发展的道路，中国的进步不会对其他国家产生不利影响，中国的发展绝对不会构成对其他国家的挑战和威胁。中国不会寻求霸权主义或扩张主义（Zhuang，2019）。然而，不可否认的是，中国正在迅速向前迈进。习近平主席在天安门广场，也就是已故共产党元老毛泽东在"开国大典"上作演讲的地方，发表讲话："今天，社会主义中国巍然屹立在世界东方，没有任何力量能够撼动我们伟大祖国的地位，没有任何力量能够阻挡中国人民和中华民族的前进步伐"（Japan Times，2019）。在中美贸易摩擦的紧张气氛中，中国领导人发表了这番言论。从中可以清楚地了解到，中国对其发展立场是无比坚定的。

复旦大学教授吴心伯解释说，作为一个快速发展中的大国，中国一

直希望在国际事务中发挥更大的影响力，希望在国际社会扮演主要角色，并希望自己的声音得到认真倾听（Wu，2001：293）。他指出，中国不具备美国那样发挥超级大国作用的实力和利益（Wu，2001：293）。因此，中国把更多的精力放在自己所在的区域内，特别是亚太地区和东南亚地区，这些地区的事态发展可能直接影响到中国的国家利益。伯格斯坦等认为，中国的国家利益和对外政策是以维护主权独立、领土完整和国家发展为中心的（Bergsten et al.，2008：212）。至少自邓小平领导中国以来这一目标没有改变过。事实上，中国已将其主要外交政策目标放在防止"反华集团"的产生上，特别是在中国周边地区。这一概念对于中国参与东南亚地区事务非常重要。根据珀西瓦尔的研究（Percival，2007），东南亚因其丰富的自然资源和战略位置而被认为是大国竞争的焦点地区。如果中国成功地"主导"东南亚地区，将能够保持"行动自由和经济增长；确保其产品能够进入海外市场，并获得内部发展所需的关键自然资源，包括但不限于能源、确保周边安全、防止域外势力对国内稳定造成威胁；促进多极世界，限制大国特别是美国的权力和影响"（Bergsten et al.，2008：212）。

在这种情况下，柬埔寨越来越成为中国实现"影响和主导"东南亚地区的绝佳战略性国家。对柬埔寨来说，中国因其突出的软实力而极具吸引力。除了向柬埔寨提供援助和作为主要投资伙伴外，中国还拥有极富吸引力的软实力，这是一种强大的力量，推动柬埔寨等发展中国家与中国建立更密切的关系。埃兹奥尼将软实力定义为"一种根据采取手段而有所不同的力量，目的是让对象服从"（Etzioni，1975：5）。这些手段可能是有形的、物质的、象征性的或强制性的、有回报的和规范性的实力。珀西瓦尔解释道，这是通过吸引而不是强迫或偿还来获得你想要的东西的能力（Percival，2007：32）。软实力源于一个国家的文化、政治理想和政策吸引力。珀西瓦尔认为，中国的软实力是"所有不涉及武力胁迫的力量或影响力，从而让该地区少数民族被中国文化吸引"（Percival，2007：111）。根据兰普顿（Lampton）的说法，中国的软实力，也就是他所说的"一种意识形态的力量"，是"一种不是主要依靠物质（金钱）奖励或胁迫（力量）的权力形式，而是来源于知识、文化、精神、领导能力以及合法性资源的力量，这些资源能够提高一个国家有效确定和实现国家目标的能力"（Lampton，2008）。综合考量，中国的软实力主要包括领导力与人力资源、援助和发展援助、贸易和投资、文化、教育甚至旅游业。

兰普顿认为，领导力和人力资源是"意识形态力量"的基本要素（Lampton，2008：118）。大多数中国人和高级官员认为，中国培养了世界上最优秀的领导人，他们非常爱戴国家领导人。李光耀曾声称，"中国领导层的素质令人印象深刻……他们思维开阔、善于分析、反应迅速"（Lampton，2008：118）。在这方面，柬埔寨的精英和人民都认为中国领导人可以成为柬埔寨学习的榜样，这并不令人感到意外。例如，柬埔寨向中国寻求援助，帮助柬埔寨实现军事现代化、改革司法制度和改善国家治理。此外，中国通过发展援助、人道主义努力和军事援助获得了软实力（Lampton，2008：107）。很明显，中国提供的帮助和发展援助以及贸易和投资活动的增加对柬埔寨非常重要。在柬埔寨，说英语和学习英语一直是社会的主流趋势，因为许多柬埔寨人认为这能让他们在就业市场上有竞争力（Loy，2013）。然而，由于中国通过贸易和投资活动成为柬埔寨的主要贸易伙伴，学习和说汉语目前已成为一项更有价值的技能。可能是因为中国的援助和投资，许多柬埔寨人对学习中国文化和语言十分渴望。2013 年，根据柬埔寨当地华人协会的统计，大约有30000 名全日制和非全日制学生在学习中文（Loy，2013）。有很多中国人在柬埔寨做生意，因此说汉语的人就更多了。中国人在柬埔寨大力投资，因此对当地人来说学习中文是非常重要的，这样他们可以和中国人流畅沟通，一起工作。事实上，普通的柬埔寨人民都愿意并乐于学习这门语言，不存在任何形式的"胁迫"或"收取报酬"。然而，可以理解的是，正是中国的"观念力量"促使柬埔寨政府和人民与中国人更密切地往来。在中国人开办的语言中心和学校学习中文的人越来越多，这充分体现了中国的软实力（Percival，2007：118 - 119）。事实上，通过这一渠道，中国将能够在包括柬埔寨在内的东南亚国家的中文和文化中心，融入其思想、文化和教育。

得益于软实力，中国将能够在柬埔寨乃至整个东南亚地区发挥影响

力。中国正在努力确保自己是东南亚地区较具影响力的外部力量
（Percival，2007：5）。为实现这一目标，中国一直奉行"和平共处五项
原则——互相尊重主权和领土完整、互不侵犯、互不干涉内政、平等互
利和和平共处"的外交政策（Richardson，2010：535）。对于中国政府
最好的朋友柬埔寨来说，中国的这一政策已经确立并得到充分实施。事
实上，这一政策可以让中国"脱颖而出"，成为服务本国在柬埔寨利益
的手段。尽管与非洲和中亚相比，柬埔寨的自然禀赋较差，但它也被视
为中国的矿产资源和粮食进口来源国。人们认为，保持经济增长、保持
国内稳定局面、防范"台独"、继续成为全球大国、维护中国共产党的
领导是中国政府的核心目标。为了维持这些目标，中国需要有足够的外
部资源供给（Zweig & Jianhai，2005：26；Downs，2006：13；Zhao，
2008：2；Jiang，2009：591）。从战略层面来说，柬埔寨占据独特的地理
位置，对中国加强东南亚安全至关重要。柬埔寨西哈努克港被认为是中
国"珍珠串"政策中一颗珍贵的"珍珠"，可以维持中国在整个东南亚
地区的实力。因此，柬埔寨被认为是中国在东南亚发挥较大影响力和一
个具有战略意义的国家。

三　中柬政治合作：深化合作

2019 年，柬埔寨和中国建交 61 周年。中柬合作条约是 1958 年由西
哈努克亲王和中国总理周恩来签署的。从那时起，两国关系不断加强，
在 2010 年最终建立了全面战略合作伙伴关系。以建交 61 周年为契机，
两国进一步扩大人文交流，深化"一带一路"倡议合作。"一带一路"
倡议为两国人民带来实质利益，为地区和全球和平与繁荣做出积极贡
献。两国建交以来，通过相互尊重和互利合作，两国关系不断加强。中
国从未将投资和援助与柬埔寨政治挂钩，中国政府也从未干涉柬埔寨的
政治事务。中国的援助是无条件的，中国不干涉包括柬埔寨在内的其他
国家的内政（Sokhean，2019）。中国政府一直奉行一种理念，认为国家
应该对自己的内政起决定性的作用。也就是说，中国无论如何都支持柬
埔寨人民的选择。这一政策促使中柬关系取得积极发展。在内政方面，
柬埔寨的政治局势变得逐渐明朗，但这绝不是中国所促成的。过去几年

柬埔寨政局动荡属于内政，柬埔寨王国政府在不牺牲民众利益的情况下，领导国家实现了高度的政治独立。柬埔寨不仅走出了内战的阴影，而且实现了长期的经济发展（Global Times, 2018）。

此外，自 20 世纪 90 年代以来，柬埔寨执政党，即柬埔寨人民党（CPP）与中国共产党（CPC）的关系不断加强，实现了相互友好、互利互惠、相互尊重。中国一直支持柬埔寨自己选择的政治道路，柬埔寨救国党（CNRP）被柬埔寨法院解散时，中方声称，"尊重和支持柬埔寨人民选择的发展道路，相信柬埔寨未来的选举能够在各方监督下，体现公平原则，选出一个令柬埔寨人民满意的政党和领导人"（Gao, 2018）。在习近平主席提出推动构建人类命运共同体的倡议后，中柬两国政党为促进两国人民的相互理解，解决共同面临的问题和挑战而努力。中柬两国有一个共同的愿景，就是在一个不确定的世界中推动两国不断发展（Sokhean, 2019）。2018 年李克强总理访问柬埔寨期间，中方作出更多承诺支持柬埔寨独立选择政治发展道路。中方宣布了深化务实合作的举措和措施，为澜湄合作注入新动力。会后印发一系列文件，包括澜湄合作五年行动计划和第二批合作项目清单等（Gao, 2018）。目前，中柬政治合作关系已达到历史新高度，两国最近签署了关于建立中柬命运共同体的谅解备忘录。事实上，柬埔寨是世界上第一个与中国签署此类文件的国家（Gao, 2018）。

两国合作框架已扩展到外交、国防、执法安全、农林渔业、科技、环保、数字基础设施、城镇化等领域。两国密切合作，在澜湄合作、东盟—中国合作、东亚合作、亚欧首脑会议和联合国等多边框架内加强协调与合作。柬中两国还加快推进"一带一路"与柬埔寨"四角战略"对接，全面落实两国政府共同推进"丝绸之路经济带"和"21 世纪海上丝绸之路"建设的规划纲要。柬中合作特别是在"一带一路"倡议下合作的成功经验，将进一步促进柬中全面战略合作伙伴关系的发展，提升中国在国际舞台上的形象和软实力。这将成为基于主权平等、相互尊重、合作共赢的大国与小国合作关系的典范。

四 结论

综上所述，本文主要探讨了柬中深化政治合作的问题。柬埔寨和中国是好邻居、好朋友、好伙伴、好兄弟。柬中关系给两国和两国人民带来了实实在在的利益，为本地区乃至世界的和平与发展做出了积极贡献，成为国家交往的典范。两国对双边关系取得的实质性进展感到满意。中国尊重柬埔寨人民的利益，尊重柬埔寨的独立、主权和领土完整，柬埔寨一贯奉行"一个中国"政策，支持并承认中华人民共和国政府是中国唯一合法政府。

两国应进一步加强全面战略合作伙伴关系，打造具有战略意义的中柬命运共同体行动计划，推动中国企业向柬埔寨当地企业特别是中小企业转让技术和知识产权，注重政治、经济、安全、人文交流等领域的合作，推动两国关系在今后取得更大发展。

参考文献

Bergsten, C. F., Freeman, C., Lardy, N. R., & Mitchell, D. J. (2008). *China's Rise: Challenge and Opportunities*. Washington, DC: Center for Strategic and International Studies.

Downs, E. (2006). The Brookings Foreign Policy Studies, Energy Security Series: China. The Brookings Institution. Available online at: https://www.brookings.edu/wp-content/uploads/2016/06/12china.pdf.

Etzioni, A. (1975). *Comparative Analysis of Complex Organizations*. Free Press.

Filippi, J-M. (2013). A History of the Chinese in Cambodia. *The Phnom Penh Post*. Accessed online 21 July 2017. Available online at: http://www.phnompenhpost.com/post-plus/history-chinese-cambodia/.

Gao, C. (2018). China: Ties with Cambodia Have Become "Model of Country-to-Country Relations". *The Diplomat*. Available online at: https://thediplomat.com/2018/01/china-ties-with-cambodia-have-become-model-of-country-to-country-relations/

Global Times. (2018). Mutual Respect Bears Fruit in China-Cambodia Relations. *Khmer Times*. Available online at: https://www.khmertimeskh.com/517752/mutual-respect-bears-fruit-in-china-cambodia-relations/.

Japan Times. (2019). China's Rise "Unstoppable" in Face of Protests and Trade War: Xi. Available online at: https://www.japantimes.co.jp/news/2019/10/01/asia-pacific/politics-diplomacy-asia-pacific/chinas-rise-unstoppable-face-protests-trade-war-xi/#.XdzRtKeB1N1/.

Jiang, W. (2009). Fuelling the Dragon: China's Rise and Its Energy and Resource Extraction in Africa. *The China Quarterly*, 199, 585 – 609.

Lampton, D. (2008). *The Three Faces of Chinese Power: Might, Money, and Minds.* University of California Press.

Loy, I. (2013). Learning Chinese on the Rise in Cambodia. *The Diplomat.* Accessed 21 July 2017. Available online at: http: //thediplomat. com/2013/05/learning – chinese – on – the – rise – in – cambodia/.

Mahbubani, K. (2005). Understanding China. *Foreign Affairs*, 84 (5), 49 – 60.

Othman, A. A. (2019). Cambodia – China: A Partnership Withstanding the Test of Time. *Khmer Times.* Available online at: https: //www. khmertimeskh. com/50646624/cambodia – china – a – partnership – withstanding – the – test – of – time/.

Percival, B. (2007). *The Dragon Looks South: China and Southeast Asia in the New Century.* London: Praeger Security International.

Richardson, S. (2010). *China, Cambodia and the Five Principles of Peaceful Coexistence.* New York: Columbia University Press.

Sokhean, B. (2019). Cambodia and China Celebrate 61 Years of Diplomatic Ties. *Khmer Times.* Available online at: https: //www. khmertimeskh. com/627619/cambodia – and – china – celebrate – 61 – years – of – diplomatic – ties/.

Wu, X. (2001). Four Contradictions Constraining China's Foreign Policy Behavior. *Journal of Contemporary China*, 10 (27), 293 – 301.

Zhao, S. (2008). China's Global Search for Energy Security: Cooperation and Competition in Asia – Pacific. *Journal of Contemporary China*, 17 (55), 207 – 227.

Zhou, D. & Harris, P. (2007). *Zhou Daguan: A Record of Cambodia.* Chaing Mai: Silkworm Book.

Zhuang, P. (2019). China's Rise is Peaceful, Xi Jinping Tells Foreign Experts. *South China Morning Post.* Available online at: https: //www. scmp. com/news/china/article/1098533/ chinas – rise – peaceful – xi – jinping – tells – foreign – experts/.

Zweig, D. & Bi, J. (2005). China's Global Hunt for Energy. *Foreign Affairs*, 84 (5), 25 – 38.

"一带一路"倡议下的柬中政治安全合作：
新古典现实主义视角[*]

鲁哈尼·艾哈迈德

（Ruhanie Ahmad）

马来西亚东亚国际关系核心小组研究员

一 引言

柬埔寨不仅与其东亚和东南亚邻国保持双边关系，也与包括美国、俄罗斯、欧盟与澳大利亚在内的全世界许多国家与组织保持着双边关系。柬埔寨的对外关系和外交政策行为是由其历史、文化、地理和政治背景决定的；其外部环境又在很大程度上受以下因素影响：全球化的强大力量、相互竞争的地缘政治、传统与非传统安全威胁的上升以及气候变化和粮食/能源安全问题等其他大趋势（Sok，2017）。在整个柬埔寨国内政治和外交关系的历史上，其国家领导人的核心重点都是取得国家统一和主权（Kosal，2017）。

在相同的背景下，柬埔寨地处两个历史上曾与之敌对的强邻泰国和越南之间——这是影响柬埔寨战略方向的永恒不变的因素（Cheunboran，2017）。然而，柬埔寨外交政策的基本指导准则是永久中立、不结盟、和平共存、不干涉他国、不与他国缔结军事同盟或签订军事条约、不在

---

[*] 本文作者向以下人士表示感谢：柬埔寨皇家科学院国际关系研究所的金平博士、中国社会科学院王灵桂研究员、马来西亚国立大学东亚国际关系连线（EAIR）郭清水副教授等。

本国领土上建立外国军事基地。柬埔寨制定外交政策目标的原则是发展本国经济与减少贫困、维护和平与安全、保持文化认同以及在国际社会中占有一席之地。该国外交政策的重点是将区域和国际环境转变为国家发展的源泉（Chheang，2019c）。

基于以上因素，本文从新古典现实主义视角出发，审视为何在"一带一路"倡议下柬中政治安全合作得到了加强、其影响和挑战是什么、如何应对这些挑战。新古典现实主义能够解释"同一国家在不同时间或不同国家面临相似限制因素时外交政策的变化"（Taliafferro et al.，2009）。它也解释了"从单个国家的短期决策、外交政策行为、大战略调整模式到系统性结果、最终到国际体系本身的演变等政治现象"（Ripsman et al.，2016）。据此，本文尝试讨论"一带一路"倡议下柬中政治和安全合作、其主要决定因素以及影响和挑战等。

二　柬中合作

柬埔寨是中国最古老和最亲密的朋友，也是"一带一路"倡议最有力的支持者。虽然中国的慷慨解囊在很大程度上影响了柬中合作，但北京是可以信赖的朋友，金边可以仰仗它来确保柬埔寨王国的主权、领土完整和当前政权的存续（Cheunboran，2017）。影响柬中合作的其他因素如下：①柬中文化和商业关系可以追溯到 800 年前（Heng，2012）；②两国都有被殖民、半殖民压迫的历史和被西方大国羞辱的历史记忆（Chheang，2019a）；③20 世纪 50 年代末西哈努克亲王同周恩来总理建立的特殊个人友谊是双边关系的基石（Chheang，2019a）；④在柬埔寨看来，世界正向多极化发展，中国是其中关键国家之一，因此柬埔寨将中国视为最重要的战略及经济合作伙伴，同时中国也将柬埔寨视为其最可靠的朋友之一（Chheang，2019a）；⑤柬埔寨执政党及反对党均将中国视为最值得依赖的全球大国，中国可以通过经济和安全手段帮助柬埔寨更好地平衡同泰国和越南的关系。

2018 年是柬中建交 60 周年。中国国家主席习近平在 2017 年 5 月"一带一路"国际合作高峰论坛上同柬方的会晤中表示："双方要以纪念建交 60 周年为契机，推动中柬关系行稳致远、更好发展。"洪森首相对此表示："柬方愿同中方一道，巩固传统友谊，推动柬中全面战略合作伙伴关系取得更大发展。"这标志着柬中加强合作的开端。2010年柬中建立全面战略合作伙伴关系以来，柬埔寨从中国获得的战略和政治信任为两国更紧密关系打下了基础（Chheang，2019a）。

中国的支持，对柬埔寨实现到2030年成为中等收入国家、到2050年成为高收入国家的发展愿景至关重要；双边合作的关键领域是基础设施建设以及国家和区域互联互通项目；（并且）来自中国的投资资金流和客流为柬埔寨的经济发展和减少贫困做出了贡献（Chheang，2019a）。在此背景下，中国提出的"一带一路"倡议为柬埔寨在社会和经济发展方面提供了巨大的机遇（Li，2019）。在过去20年里，柬埔寨经历了重大转型，其经济在1998～2018年保持了8%的平均增长率，成为世界上增长最快的经济体之一（World Bank，2019）。

考虑以上历史记录和经济数据，中国在"一带一路"倡议下给予柬埔寨特殊待遇也就不足为奇了。一些表面上与互联互通毫无或几乎无关联的项目，如柬埔寨的水质监测和大学建设，也成为"一带一路"倡议合作的项目。这表明中国不需要通过"不可告人的议程"来彰显同柬埔寨的友谊；柬埔寨也不需要通过成为"中国代理人"，就能成为"一带一路"倡议最有力的支持者。其原因在于，"一带一路"倡议下的柬中合作是建立在互利共赢基础上的。从新古典现实主义来看这是合理的，因为"对外决策由实际领导人精英做出，因此领导人对相对权力的认识至关重要"（Rose，1988）；同时"国家试图通过控制和影响外部环境来应对国际无政府状态的不确定性"（Rose，1988）。

因此，"一带一路"倡议下的柬中政治和安全合作得到了加强，是因为中国想要减轻亚太地缘政治不确定性的压力。2013年，中国提出"一带一路"倡议，可谓恰逢其时，它使中国能够利用"物质力量"来加强同东南亚和世界各国的关系。柬埔寨在这个时代转向中国，是因为它试图克服其接壤邻国一度的外交政策行为带来的地缘政治困境，并缓和来自外国有关柬埔寨是否遵守人权、良好治理和透明度方面的质疑。因此，柬埔寨在国际体系，特别是亚太大国政治的背景下，使用其"相对权力"亲近中国及其"一带一路"倡议，也是恰逢其时的。

三 主要决定因素

然而，一些文章指出，以下决定因素也导致"一带一路"倡议下柬中政治和安全合作的加强：①捍卫柬埔寨主权、领土完整和政权存续；②确保柬埔寨的国家生存、政治稳定、社会经济改革和基础设施建设；③加快柬埔寨国防和军队改革，提高国防力量和战备；④对柬埔寨产业结构进行改革，完成现代化，大力发展其现代科技和知识型产业；⑤吸引更多外国直接投资，特别是来自中国的资金。

新古典现实主义者认为这些决定因素合乎情理。在"一带一路"倡议下，柬埔寨加强与中国的政治和安全合作，是因为其执政精英想要维护国家安全、保护国家主权、保障国家繁荣。这些决定因素也符合柬埔寨的"外交政策准则"和"外交政策目标"。这是因为"在行政部门占据关键位置的'国家领导人'，是'唯一拥有权威的外交政策制定者'，也负责塑造国家安全及长期大战略"（Lobell，2009）。这也是由于"亚太地区进行中的……大国竞争影响了柬埔寨外交政策前景；随着世界变得多极化，柬埔寨也在调整外交政策目标和战略；在这一国际新秩序下，柬埔寨的执政精英认为，该国外交政策方向不能偏离亚洲大国的方向"（Chheang，2019b）。

四 影响和挑战

也有一些负面看法困扰着"一带一路"倡议下的柬中政治与安全合作，尽管柬埔寨执政精英否认了有关中国"想要在柬埔寨国公省建立海军基地"的谣言，"柬埔寨政府一再强调，由于其坚持永久中立和不结盟的外交立场，它无意同任何大国结盟，也不会允许其国土上存在外国军事基地"（Chheang，2019b）。

然而，在有些文章以及有关"一带一路"倡议下柬中关系的新闻报道中，对柬中关系存在负面看法，至于原因，它们隐晦列出了如下几点。①中国已成为柬埔寨的主要合作伙伴，目前，柬埔寨和中国之间的纽带比以往任何时候都更加紧密和牢固。②柬埔寨近年来经济的强劲增长，在很大程度上得益于中国的投资和稳定的技术和资金援助。③受全球力量的变化和西方巨大压力的影响，柬埔寨未来几年外交政策战略将着眼于使其对外关系多样化，将重点放在南亚和东亚国家上。④在与欧美关系恶化的情况下，洪森首相加强了与中国的关系；柬埔寨执政精英普遍认为，欧盟和美国对柬埔寨采取双重标准，待该国不公。⑤中国是柬埔寨最大的投资者，特别是在基础设施、桥梁、立交桥和大坝建设方面。

然而，若从新古典现实主义的角度进行分析，这些原因反映了柬埔寨执政精英以务实的方式调整国家外交政策行为和目标，以适应国内、地区和国际安全生态系统。这也与新古典现实主义的核心经验预测相吻合，即"从长期来看，国家拥有的物质力量资源的相对数量，将影响其外交政策的规模和雄心：随着相对实力的上升，国家会寻求更多的海外影响力，而当其相对实力下降时，它们的行动和雄心则会相应缩减"（Rose，1988）。以中国为例，这一预测意味着该国将以"一带一路"倡议为载体，调动"经济实力"来塑造和加强其外交政策重点和目标，特别是在美国仍在亚太地区同其打"贸易战"的情况下。以柬埔寨为例，这意味着柬埔寨正试图利用"一带一路"倡议，将之转化为机遇，以推进基础设施建设、技术进步、经济发展及军队改革和现代化。因此，柬中两国执政精英对上述地缘政治不确定性所产生的可能威胁的认知，驱动了两国在当今时代的外交政策行为。此外，中柬正主动地、前瞻性地通过发展和经济互惠互利手段减少这些潜在威胁。

在"一带一路"倡议下，柬埔寨也被认为"更倾向于中国"，"因为洪森首相的领导层重新仰仗其传统上伟大且强大的朋友中国，来促进柬埔寨经济发展和国家安全；同时柬埔寨与西方的关系因某些问题而恶化了"（Kosal，2017）。柬埔寨外交大臣布拉索昆（Prak Sokhonn）驳斥了这些看法，称"尽管与中国关系密切，但柬埔寨将继续在外交事务上采取中立立场。因为这与国家利益一致"（Sun，2017）。

但是，尽管没有足够证据将上述看法同某些大国联系起来，我们也可以有把握地认为，这些看法受前文所述新古典现实主义的核心经验预测驱动。因此，我们有理由认为上述看法是针对柬埔寨和中国的，因为某些外国势力也在试图根据自己的印太地区大战略来塑造国际安全生态系统。还有一种合理的假设，即这些看法可能是作为一种战略软威慑而传播的，以遏制可能出现的多极世界。一些文章已经表达了对这一可能的担忧，开始隐晦地向某些西方大国传递信息。在这一背景下，例如，有文章写道："出于各种原因，华盛顿长期以来将柬埔寨视为一个失败的战略目标。该国转向中国应视为一个警告，提醒中国日益增长的经济存在，尤其是在威权国家（的存在），对东南亚和更广泛的欧亚地区意味着什么。为了有效应对这一存在，美国及其盟友应用全新的眼光看待柬埔寨，将其视为国家安全的挑战的机遇。"（Edel，2018）在柬埔寨和欧盟关系的背景下，有文章写道："欧盟威胁中止柬埔寨的贸易特权，或进一步将该国推向中国的战略轨道。"（Zhou，2019）

然而，我们不应认为这些对中柬在"一带一路"倡议下加强合作的负面看法，会损害柬埔寨在地区和国际舞台上的形象和作用。我们可以通过有计划地协调媒体宣传来减轻这些影响。例如，当某些西方大国不断指责柬埔寨的相关问题时，柬埔寨应质疑其原因。有文章专门提到，"柬埔寨政府有关私人和公共行业投资最高决策部门柬埔寨发展理事会（CDC）统计，截至2011年9月，来自中国的直接投资累计达到了88亿美元，中国已成为柬埔寨王国的最大投资国；其次是韩国（40亿美元）、马来西亚（26亿美元）、英国（23亿美元）和美国（12亿美元）"（Heng，2012）。这些数字是真实的。柬埔寨应向当地和外国媒体解释，数额最大的对柬外国直接投资并非来自西方，而是来自东亚和东南亚。这是因为与某些国家相比，东亚和东南亚更加关注柬埔寨人的经济权利。

我们也应说服媒体了解共建"一带一路"在柬埔寨的真实情况。例如，有文章指出，"柬埔寨是东南亚最支持'一带一路'倡议的国家之一，这主要是出于经济原因，尤其是'一带一路'倡议可能会潜在地推动该国的基础设施发展"（Chheang & Heng，2019）。同样，"柬埔寨认为，中国提出的'一带一路'倡议将会加强其基础设施建设和经济发展，同时增强其在区域一体化和共同体中发挥更重要作用的能力"（Chheang，2019a）。文章补充道："柬埔寨需要快速有效地抓住东盟经济一体化、新开发银行（NDB）、亚洲基础设施投资银行（AIIB）、'一带一路'、丝路基金、中国—东盟海上合作基金等项目和资金带来的不断增长的机遇。"同时，"柬埔寨执政精英意识到该国过度依赖单一或少数几个国家而生存会带来风险。他们将做好两手准备，把投资多样化视为重要战略，但如何实施仍是难题"（Chheang, 2019b）。

上述事实可以用来澄清人们对"一带一路"倡议下柬中加强政治安全合作的负面看法。然而，我们也应引导柬埔寨本地和国际媒体去正确理解一些文章所传递的信息，有文章提到："在2008年的一份机密电报中，美国大使卡罗尔·罗德利（Carol Rodley）强调'柬埔寨决心发展外向型的外交政策，这将不仅确保其在国际社会中的合法地位，也能保护其免受纠缠不清的结盟的影响'"（Ciorciari, 2013）。"因此，我们希望柬埔寨继续发挥大国间的平衡作用。"（Ciorciari, 2013）这一现实对柬中都十分重要，它有助于削减受外国驱使的看法对两国造成的负面影响。因此，我们应向所有媒体强调这些。

五　结论

受合理和有效的因素推动，"一带一路"倡议下柬中政治安全合作不断增强。这些因素包括捍卫柬埔寨的主权、领土完整和政权存续，还包括保证国家的生存、政治稳定、社会经济改革和基础设施建设。此外，这种合作将使柬埔寨能够加速其国防和军事改革，提高国防力量和做好战备。同样，它还能对柬埔寨产业结构进行改革，完成现代化，发展其现代科技和知识型产业。更重要的是，它吸引更多外国直接投资流入，尤其是来自中国的资金。

然而，尽管这些合作严格遵守柬埔寨外交政策准则和目标，但对于该国的对外关系及其将中国视为焦点的外交政策，仍存在许多不同的看法。从新古典现实主义的角度分析，很明显中国正希望柬埔寨转变为其最可靠的朋友，因为中国希望减轻印太地区当前地缘政治不确定性带来的压力。同样，柬埔寨将中国视为其最可靠的合作伙伴，因为柬埔寨要寻求缓解自身的地缘政治困境，并出于上述原因，利用"一带一路"倡议作为国家发展的外部支持。与此同时，我们可以肯定，负面看法是由某些大国传播的，是它们对可能出现的多极世界的软威慑。部分分析人士已经对这种地缘政治发展表达了隐晦的担忧，他们希望美国看待柬埔寨时应用"全新的眼光，将其视为应对国家安全挑战的机遇"。

本文认为，现今中柬政治和安全合作并非受中国对柬"不可告人的目的"驱使，也不受所谓的柬埔寨渴望成为"中国代理人"所影响。然而，柬埔寨应继续努力平衡同包括美国在内的其他国家的双边关系及外交政策目标，使自己的战略和经济合作伙伴多元化，也保护自己的安全、主权和繁荣。

参考文献

BBC. (2019, December 16). A Quick Guide to the US – China Trade War. *BBC News*. https：//www. bbc. com/news/business – 45899310.

Cheunboran, C. (2017). Cambodia – China Relations：What Do Cambodia's Past Strategic Directions Tell Us? In *Cambodia's Foreign Relations in Regional and Global Contexts*, pp. 227 – 248. Phnom Penh：Konrad Adenauer Stiftung Cambodia.

Chheang, V. (2009). Cambodia：Between China and Japan. In *CICP Working Paper*, No. 31. Phnom Penh：Cambodian Institute for Cooperation and Peace.

Chheang, V. (2019a). Cambodian Perspective on China. *The Torino World Affairs Institute*. https：//www. twai. it/journal/tnote – 75/.

Chheang, V. (2019b). Can Cambodian Foreign Policy Find Its Feet? *East Asian Forum*. https：//www. eastasiaforum. org/2019/01/18/can – cambodian – foreign – policy – find – its – feet/.

Chheang, V. (2019c). Cambodia's Foreign Policy：Challenges and Prospects. *Khmer Times*. https：//www. khmertimeskh. com/573164/cambodias – foreign – policy – challenges – and – prospects/.

Chheang, V., & Heng, P. (2019). Cambodian Perspective on the Belt and Road Initiative. In *NIDS Joint Research Series*, No. 17, pp. 5 – 21. Tokyo：The National Institute for Defense Studies.

Ciorciari, John. (2013, June 14). China and Cambodia：Patron and Client? *International Policy Center Working Paper*, No. 121. Available at SSRN：https：//ssrn. com/abstract = 2280003 or http：//dx. doi. org/10. 2139/ssrn. 2280003.

Edel, Charles. (2018). Cambodia's Troubling Tilt Toward China and What It Means for Washington's Indo – Pacific Strategy. *Foreign Affairs*. https：//www. foreignaffairs. com/articles/china/2018 – 08 – 17/cambodias – troubling – tilt – toward – china/.

Heng, P. (2012). Cambodia – China Relations: A Positive – Sum Game? *Journal of Current Southeast Asian Affairs*, 31 (2), pp. 57 – 85.

Kosal, P. (2017). Introduction: Cambodia's Political History and Foreign Relations, 1945 – 1998. In *Cambodia's Foreign Relations in Regional and Global Contexts*, pp. 1 – 5. Phnom Penh: Konrad Adenauer Stiftung Cambodia.

Li, X. (2019). China's BRI Offers Tremendous Opportunities for Cambodia: UN Officials, Experts. *Xinhua Net*. http://www.xinhuanet.com/english/2019 – 04/03/c_ 137946820. htm/.

Lobell, Steven E. (2009). Threat Assessment, the State, and Foreign Policy: A Neoclassical Realist Model. In Taliafferro, Jeffrey W., Lobell, Steven E. & Ripsman, Norrin M. (eds.), *Neoclassical Realism, the State, and Foreign Policy*, pp. 42 – 74. Cambridge: Cambridge University Press.

Ripsman, Norrin. M., Taliaferro, J. W. & Lobell, S. E. (2016). *Neoclassical Realist Theory of International Politics*. New York: Oxford University Press.

Rose, Gideon. (1988). Review: Neoclassical Realism and Theories of Foreign Policy. *World Politics*, *Vol. 51*, *No. 1*, pp. 144 – 172.

Sok, S. (2017). Endorsement. In *Cambodia's Foreign Relations in Regional and Global Contexts*, p. vii. Phnom Penh: Konrad Adenauer Stiftung Cambodia.

Sun, Na. (2017). Close Relations with China In Cambodia's Interest: Foreign Minister. *VOA*. https://www.voacambodia.com/a/close – relations – with – china – in – cambodia – interest – foreign – minister/4028819. html/.

Taliafferro, Jeffrey W., Lobell, Steven E., & Ripsman, Norrin. M. (2009). Introduction. In Taliafferro, Jeffrey W., Lobell, Steven E. & Ripsman, Norrin M. (eds.), *Neoclassical Realism, the State, and Foreign Policy*, pp. 1 – 41. Cambridge: Cambridge University Press.

The Belt and Road Initiative and Southeast Asia (2019). In *Asia – Pacific Regional Security Assessment: Key Developments and Trends*, pp. 78 – 91. London: The International Institute for Strategic Studies.

World Bank. (2019). *The World Bank in Cambodia: An Overview*. https://www.worldbank.org/en/country/cambodia/overview.

Zhou, Laura. (2019). How the West Could Drive Cambodia Further into China's Clutches. *South China Morning Post*. https://www.scmp.com/news/china/diplomacy/article/3040211/how – west – could – drive – cambodia – further – chinas – clutches.

柬埔寨与中国：真正的朋友

金山

（Sun Kim）

柬埔寨智慧大学讲师、柬埔寨合作与和平研究所研究员

1997 年以来，柬埔寨的外交政策在政治和经济方面急剧转向中国。人们对这一趋势看法不一。本文将从政治互信、地缘政治、贸易往来和全球不确定性因素四个方面论证柬中两国友好关系。

一　政治互信

英国前首相帕默斯顿勋爵曾说："大国之间没有永恒的朋友，只有永恒的利益"（Barash & Webel，2002：195），这一观点是否在柬中关系中得到了印证呢？柬中关系不同于其他双边关系，柬埔寨已故国王西哈努克在其中扮演了极为重要的角色，柬中友谊是双方交往的联结和精神纽带。诚然，柬中两国自柬埔寨前国王西哈努克与周恩来总理在1955 年印尼万隆会议上会面后开始建立外交关系。西哈努克愿与中国建交，便主动表明意向，并于次年 2 月正式访问中国。西哈努克访华期间，与中国签订了《中柬友好宣言》。在此基础上，柬埔寨获得了中国政府的援助。这也是中国政府首次向非共产主义国家提供援助。最终，双方于 1958 年 7 月 19 日正式确立外交关系（Cheunboran，2017：233）。同年，通过西哈努克亲王的关系，中国共产党将柬埔寨视为"头号朋友"。作为回应，柬埔寨自 1963 年以来坚决支持恢复中国在联合国的合法席位。此外，柬政府于 1999 年关闭了台湾当局在金边设立的代

表处，以示对"一个中国"政策的认可与支持（Pike，2019）。据柬埔寨国会议员、柬埔寨人民党发言人所述，"1960 年，柬埔寨为将台湾当局代表驱逐出联合国，发起了抗议"（Sokhean，2019）。

1991 年 11 月 14 日，西哈努克国王乘坐中国民航波音 707 专机离开北京，重回故土，结束了超过 12 年的海外流亡生涯（Jeldres，2012：81）。西哈努克国王在 1970 年国内政变中被废黜，对于中国政府给予的支持和帮助，他深表感激。老国王高度赞扬中国政府，称中国维护了"柬埔寨的独立、平等和自由"。他曾在自己创作的歌词中写道：你是一个大国，毫不自私傲慢……待人谦逊有礼，不论大小，平等相待（Chhengpor，2016）。于 1993 年建立的柬埔寨新政权实行君主立宪制。继任的诺罗敦·西哈努克国王在君主立宪制下成为国家元首和国家象征，并无实权，并出于身体原因于 2004 年退位。诺罗敦·西哈努克国王的儿子，诺罗敦·西哈莫尼于同年继位。新国王追随父亲的步伐，努力与中国维持友好关系，常常以国事访问、身体检查和度假为由到访中国。2008 年，西哈莫尼国王前往北京参加奥运会相关活动（Pike，2019）。

2008 年，柬中迎来建交 50 周年。中国驻柬使馆举办了招待宴会，西哈莫尼国王出席了活动。庆典期间，柬埔寨首相洪森与一众中方官员进行了会面。对柬埔寨来说，这是深入推进与中方合作的绝佳时机，能够完善本国基础设施建设，从而融入全球经济浪潮。这一愿望最终成为现实（Pike，2019）。2006 年，两国建立全面合作伙伴关系，2010 年升级为全面战略合作伙伴关系。为深入推进双边关系，两国领导人开启高层互访。习近平主席和李克强总理先后于 2016 年和 2018 年对柬埔寨进行国事访问。2017 年 5 月 14～16 日和 2019 年 4 月 25～29 日，柬埔寨首相洪森连续两次率领规模庞大的代表团出席在北京举办的"一带一路"国际合作高峰论坛。每次双方领导人互访都能促成若干重要协议的签署。2018 年 1 月，李克强总理对柬埔寨王国进行正式访问期间，就见证了 19 项双边合作文件的签署（Yamada，2019：69）。与此同时，2019 年 4 月 25～29 日出席第二届"一带一路"高峰论坛期间，柬埔寨首相洪森与中方签署《构建中柬命运共同体行动计划（2019—2023）》，并签署两国政府经济技术合作协定（Sokhean，2019）。

无论彼此境况好坏，两国都能始终如一给予对方理解和支持。新冠疫情发生后，许多国家中断了往来于中国的航班和其他交通工具。一些国家将本国侨民撤离武汉，部分国家禁止中国人入境。尽管如此，柬埔寨政府却从未做出任何伤害中国感情的举动。在武汉的外交官和其他官员以及 23 名学生无一人从武汉撤离。对此，洪森表示："目前在中国工作或求学的柬埔寨同胞们，包括在武汉的同胞，必须留在那里，与中国人民一同抗击疫情。不要在困难时刻抛弃中国。"（Soeung，2020）柬政府没有停飞来自中国的航班，也没有切断其他交通，并一如既往欢迎来自中国的游客。2020 年 1 月 30 日，洪森表示："请继续保持与中国的合作。不要停飞来自中国的航班，不要切断中国的海上运输，也不要将中国游客拒之门外。"（Wilson，2020）柬埔寨方面尽管清楚地知道新冠肺炎作为全球性流行病在本土传播后将对人民的生命安全和国民经济造成严重影响，但在巨大风险面前仍毫不犹豫与中国携手合作。洪森曾说：

> 在我看来，中国政府不需要我们的钱来摆脱困境。我们只需要与中国使馆合作，善待在柬工作或访问的中国投资者、中国居民和中国游客，维护好经济特区。不要歧视中国人——这就已经算得上是特殊时期我们的一份贡献了。（Soeung，2020）

有趣的是，这是一种超越政治的精神层面合作。作为肩负 1600 万柬埔寨人民期望的国家领导人，柬埔寨首相洪森敢于访问受疫情影响最严重的武汉，以此表明"柬埔寨对中国的关切"。尽管出于错综复杂的安全考虑，首相最终未能获准前往武汉，转而选择北京作为出访目的地。2020 年 2 月 5 日，疫情肆虐之时，洪森赴京进行短暂访问，与习近平主席在人民大会堂会面。两位领导人用温暖有力的话语宽慰彼此。习近平主席向柬埔寨首相洪森表示，"患难见真情。在这个特殊时刻，柬埔寨人民同中国人民站在一起"（Hadano & Onishi，2020）。习近平主席补充说，"我们将像对待本国公民一样照顾好柬埔寨在华公民，包括留学生，保障他们的生活和健康"（Hadano & Onishi，2020）。洪森随即表示"柬中两国"可称为"铁杆朋友"。2020 年 3 月 15 日，柬埔寨卫生部发现 8 例新冠肺炎确诊病例（1 例本土病例，其余 7 例为境外输入）。为控制本土疫情传播，柬埔寨对 6 个国家采取入境限制措施，对意大利、法国、西班牙、德国和美国的限制措施于 2020 年 3 月 17 日生效，对伊朗的限制措施于 2020 年 3 月 18 日生效（Xinhua，2020）。中国不在柬埔寨政府限制入境的六个国家之列，这也恰恰表明柬中关系达到"空前水平"。

二　地缘政治

苏联解体后，中国就把目光锁定东南亚，柬埔寨王国更是受关注的焦点。对于中国来说，西哈努克港对其能源运输和深入马六甲海峡、泰国湾能够发挥重要作用（Cheunboran，2017：240）。

中国意图在东南亚拥有重要影响力，尤其关注东盟（ASEAN）在政治和经济领域的活动。东盟坐拥 6 亿多人口和 3 万亿美元左右 GDP（"ASEAN in Action"，2019：32），是中国最大的贸易伙伴。然而，南海争端成为中国加强与东盟联系的外交策略的绊脚石。所幸中国还有老朋友柬埔寨，其也是东盟成员国之一。东盟的共识基础充分保障了其成员国在决策中行使否决权的自由。为维护中国利益，柬埔寨利用该机制掣肘东盟。2012 年 7 月，在柬埔寨金边举行的东盟外长会议（AFMM）未能发表联合公报，在历史上尚属首次，因此被称为"金边惨败"。据称，柬埔寨"有意偏袒"中国（Cheunboran，2017：239）。中国向柬埔寨提供了大量援助，提升其军事实力。2015 年 7 月，在柬埔寨主办金边—河内联合边防委员会会议期间，中国中央军委副主席许其亮向狄班将军保证，"中柬两国坚决在主权、安全和发展等问题上相互支持"（Cheunboran，2017：241）。中国国防部长魏凤和在 2018 年 6 月对柬埔寨王国进行为期五天的访问期间，参加了"柬埔寨—中国军事展览"，承诺提供约 1 亿美元的军事援助，帮助柬埔寨提升军事能力现代化水平（Reuters，2018）。2019 年，两国举行"金龙"联合军事演习加强海上安全（Iwasaki，2018）。

東埔寨或许也迫切需要中国制衡其邻国。東埔寨的外交政策转向中国主要有以下三个原因。其一，東埔寨王国在地理位置上被泰国和越南夹在中间，这两个国家曾经与東埔寨不睦。历史可能会重演，2008~2011 年与泰国的边界争端便是明证。2008 年与泰国的军事冲突给了東埔寨领导人三个重要教训：第一，東埔寨仍然受到邻国的威胁；第二，东盟在处理東泰边界争端上无能为力；第三，泰国军队的侵略性和东盟的无所作为导致弱国東埔寨依赖中国居中调停（Cheunboran，2017：237）。東埔寨与越南也存在边界问题。据東埔寨外交与国际合作部称，自 2011 年以来，東埔寨政府已向越南发出 20 多封外交照会，抗议越南"侵犯東埔寨领土"（Cheunboran，2017：239）。

其二，東埔寨自 1953 年脱离法国获得独立后，作为小国需要寻求外部力量的支持。换句话说，为了在地缘政治的不确定性中求得生存，势力弱小的金边别无选择，只能"选择朋友"（外部势力）（Cheunboran，2017：235）。

其三是下文（贸易往来）中将详细解释的经济需求。

三 贸易往来

東埔寨与中国在贸易往来中是互惠互利关系。这里将从两方面（双边贸易额和跨境投资）进行阐述。

（一）双边贸易额

東中双边贸易额实现了显著增长。2004 年双边贸易额约为 4.82 亿美元，到 2007 年则达 9.33 亿美元（Pike，2019）。2016 年，双边贸易额达到 47.6 亿美元。其中，東埔寨进口额达 39.3 亿美元，出口额为 8.3 亿美元。2017 年，東埔寨向中国出口大米近 20 万吨，次年超 20 万吨（Suos，2018）。据新华社报道，東中贸易额 2017 年达 58 亿美元，到 2018 年突破 70 亿美元，实现了稳步增长，预计 2023 年将达到 100 亿美元（Sokhean，2019）。亚洲愿景研究所所长常·万纳瑞斯博士表示，中国是東埔寨的主要经济和战略合作伙伴，两国进一步推进"人文互通"，中国企业也向柬埔寨当地企业，特别是中小企业提供知识和技术支持（Sokhean，2019）。

（二）跨境投资

1994～2016 年，中国在柬累计投资额约为 150 亿美元。仅 2016 年投资额达 10.8 亿美元。中国的投资主要集中在橡胶种植和加工、稻谷加工、采矿和建筑、服装业和水电方面（Suos，2018；Allard & Thul，2018）。2017 年前 10 个月，中国企业投资 16.2 亿美元，支持柬埔寨农业和农工业、工业、基础设施和服务以及旅游业四个领域发展，成为柬埔寨最大的外资来源国（Titthara，2017）。近期，约有 16 万个柬埔寨居民聚居点开设有中国人经营的工厂、酒店。中国投资者在柬埔寨的经营活动较为集中。在柬中共建经济特区西哈努克港经济特区（SSEZ）内，有 100 多家工厂。除西哈努克省外，暹粒省也吸引了众多中国企业。据柬埔寨发展理事会（CDC）称，吴哥国际文化投资发展（柬埔寨）有限公司将投入 2750 万美元在暹粒省 Sla Kram 公社建设"柬埔寨—中国文化园"（Bunthoeun，2019）。与此同时，中国也积极派遣中国专家前往柬埔寨研究交通系统，并帮助翻修暹粒省的女皇宫建筑（Iwasaki，2018）。

中国企业也专注于发展绿色项目。2008 年以来，中国对柬埔寨绿地项目的外国直接投资总额达 48.9 亿美元（Yamada，2019：68 - 69）。水电方面，2006 年，中国水利水电建设集团以极优惠的条件承接了耗资 2.8 亿美元的贡布省甘再水电站承建运营项目（Yamada，2019：67）。桑河二级水电站由华能澜沧江水电有限公司承建，该企业属于中国的国有企业，工程耗资 8 亿美元，装机容量 400 兆瓦（Kynge et al.，2016）。

四 全球不确定性

气候变化、粮食安全、淡水危机、自然灾害（包括洪水、干旱、风暴和地震）、海上安全、恐怖主义、新冠肺炎等流行病、网络威胁、虚假新闻、贸易战、核扩散和大国竞争等不确定因素让全球局势波澜不断。联合国水机制指出：水荒已影响全球超过 40% 的人口（"OSCE"，

2014）。当前中美贸易摩擦也给区域和全球市场带来了恐慌。水资源短缺、渔业萎缩、水质恶化、森林砍伐、洪水泛滥、水电大坝倒塌以及某些水电大坝建设正威胁着湄公河沿岸 6600 万人的生命（Eyler，2019：6；"ASEAN in Action"，2019）。2018 年，美国政府对价值超过 2500 亿美元的中国商品加征关税，作为反击，中国则对价值 1100 亿美元的美国商品加征关税。这就是贸易摩擦（BBC，2019）。美国主导的"自由开放印太战略"（FOIP）和中国提出的"一带一路"倡议之间的竞争，包括美国在南海的"航行自由行动"，动摇了东盟的中心地位。

世界上没有任何国家可以独自应对这些问题。从战略上讲，柬埔寨和中国以及其他国家必须共同努力保障集体安全。

建　议

柬埔寨应避免对中国采取"追随"和"绥靖"策略。

首先，被孤立的弱小国家往往会采取追随策略，对它们来说，别无选择。但对于追随者来说有许多不确定性，因为主动权掌握在强国手中。修昔底德的著名格言（忠告）"强者尽其所能，弱者必受其苦"指明了双方关系的本质（Mearsheimer，2001：163）。因此，柬埔寨王国不应采取追随的策略来巩固与中国的友谊。柬埔寨必须给自己保留一些生存空间。尽管已故国王西哈努克曾是两国关系的重要推动者，但他对中国仍然采取较为谨慎的外交策略。他曾表示，柬埔寨不应对"任何比自己强大的国家抱有过度的信心"（Pike，2019）。

其次，绥靖是受威胁国家试图向侵略国让步的策略（Mearsheimer，2001：163）。例如，绥靖国同意将第三国的所有领土献给自己的强敌，以求维持现状，使自己免受欺凌。但这种策略并不一定能满足侵略者的贪婪野心。尝到甜头的国家可能会予取予求，变本加厉。让步越多，索求也会越多。一个国家需要尽最大能力求得生存，这点毋庸置疑。但也不应该对侵略者的欲壑野心抱有天真幻想。绥靖策略可能会使绥靖国陷入更危险的境地（Mearsheimer，2001：163 - 164）。柬埔寨要在面向中国的外交政策中明确目标和底线，把主权、自身抗逆力和多元化作为外交政策的重点。

参考文献

ASEAN in Action：52 Years of Community Building. (August 2019). ASEAN Focus Published by ISEAS Yusof Ishak Institute and ASEAN Studies Center, Vol. 29, No. 4.

Allard, T. , & Thul, P. C. (2018, July 28). Cambodia's Hun Sen has an Important Election Backer：China. *Reuters*. Retrieved March 13, 2020, from https：//www. reuters. com/article/us – cambodia – election – china/cambodias – hun – sen – has – an – important – election – backer – china – idUSKBN1KI01U? il = 0.

Barash, D. P. , & Webel, C. P. (2002). *Peace and Conflict Studies*. California：Sage Publications, Inc. , 195.

BBC. (2019, June 19). A Quick Guide to the US – China Trade War. *BBC News*. Retrieved August 7, 2019, from https：//www. bbc. com/news/business – 45899310.

Bunthoeun, C. (2019, October 16). Siem Reap to Welcome $ 27mln Cambodia – China Cultural Park. *Khmer Times*. Retrieved October 16, 2019, from https：//www. khmertimeskh. com/50651322/siem – reap – to – welcome – 27mln – cambodia – china – cultural – park/? fbclid = IwAR1 _ oN0eyiaY77DSCximSpCgwEzYNyLFQyVoawUeN – OJr7Xdi5wPqg1KX54.

Cheunboran, C. (2017). Cambodia – China Relations：What do Cambodia's Past Strategic Directions Tell Us? In *Cambodia's Foreign Relations in Regional and Global Context* (pp. 229 – 248). Phnom Penh：Konrad Adenauer Stiftung Cambodia.

Chheang, V. (2017, July 7). Cambodia Embraces China's Belt and Road Initiative. *ISEAS Yusof Ishak Institute：Perspective* (48).

Chhengpor, A. (2016, October 19). Cambodia – China Relations 4 Years after Norodom Sihanouk's Death. *VOA*.

Ciorciari, D. (2014, December 30). A Chinese Model for Patron-client Relations? The Sino – Cambodian Partnership. *International Relations of the Asia – Pacific*, 15, 252 – 257.

Eyler, B. (2019). *Last Days of the Mighty Mekong*. London：Zed Books Ltd. , 6.

Hadano, T. & Onishi, T. (2020, February 6). "A Friend in Need is a Friend Indeed," Xi Tells Visiting Hun Sen. *NIKKEI：ASEAN Review*. Retrieved March 13, 2020, from https：//asia. nikkei. com/Politics/International – relations/A – friend – in – need – is – a – friend – indeed – Xi – tells – visiting – Hun – Sen.

Iwasaki, M. (June 2018). Cambodia – China Ties Advance Further. *Khmer Times*. Accessed July 26, 2020. https：//www. khmertimeskh. com/50503622/cambodia – china – ties – advance – further/.

Jeldres, A. (2012). Cambodia's Relations with China: A Steadfast Friendship. In *Cambodia*: *Progress and Challenges since* 1991, edited by Geoff Wade and Mark Hong Pou Sothirak, 81 – 95. Singapore: Institute of Southeast Asian Studies.

Kynge, J., Haddou, L. & Peel, M. (2016, September 9). FT Investigation: How China Bought Its Way into Cambodia. *Financial Times*. Retrieved March 12, 2020, from https://www.ft.com/content/23968248 – 43a0 – 11e6 – b22f – 79eb4891c97d.

Mearsheimer, J. (2001). *The Tragedy of Great Power Politics*. New York: W. W. Northon & Company Inc., 162 – 163.

Organization for Security and Co-operation in Europe (OSCE). (2014, July 1). Water Diplomacy. Retrieved February 2, from https://www.osce.org/sg/120614.

Peel, M., Kynge, J. & Haddou, L. (2016, September 1). China Draws Cambodia Closer in Diplomatic Embrace. *Financial Times*. Retrieved March 12, 2020, from https://www.ft.com/content/15be8286 – 6f94 – 11e6 – 9ac1 – 1055824ca907.

Pike, J. (2019). Cambodia – China Relations. *Global Security*. Retrieved December 4, 2019, from https://www.globalsecurity.org/military/world/cambodia/forrel – prc.htm.

Reuters. (2018, June 20). China Pledges $135m to Cambodia Ahead of Polls. *Straits Times*. Retrieved March 13, 2020, from https://www.straitstimes.com/asia/se – asia/china – pledges – 135m – to – cambodia – ahead – of – polls

Soeung, S. (2020). Cambodians Stranded in China Told to Stay, Help China Fight Virus. *VOA*. Accessed March 15, 2020. https://www.voanews.com/science – health/coronavirus – outbreak/cambodians – stranded – china – told – stay – help – china – fight – virus.

Sokhean, B. (2019, April 29). Hun Sen Inks Nine Deals with China. *Khmer Times*. Retrieved December 18, 2019, from https://www.khmertimeskh.com/50598850/hun – sen – inks – nine – deals – with – china/.

Sokhean, B. (2019, July 26). Cambodia and China Celebrate 61 Years of Diplomatic Ties. *Khmer Times*. Retrieved December 5, 2019, from https://www.khmertimeskh.com/627619/cambodia – and – china – celebrate – 61 – years – of – diplomatic – ties/.

Suos, Y. (2018). Happy 60th Anniversary of Cambodia – China Ties. *Khmer Times*. Accessed July 26, 2018. https://www.khmertimeskh.com/50101002/happy – 60th – anniversary – cambodia – china – ties/.

Titthara, M. (2017, December 1). China Woos Hun Sen at Beijing Dinner. *Khmer Times*. accessed date: December 8, 2017, www.khmertimeskh.com/5093483/china – woos – hun – sen – beijing – dinner/.

The ASEAN Post Team. (2019, April 19). Lancang – Mekong Cooperation: Blessing or Curse? Accessed: February 18, 2020. https://theaseanpost.com/article/lancang – mekong – cooperation – blessing – or – curse.

Wilson, A. (2020). Hun Sen is More Worried about Beijing than the Coronavirus. *Foreign*

Policy. Accessed Febraury 29, 2020. https：//foreignpolicy. com/2020/02/21/hun – sen – is – more – worried – about – beijing – than – the – coronavirus/.

Xinhua. (2020). Cambodia Confirms 1 More COVID – 19 Case, Bringing Total Tally to 8. *Xinhuanet*：*Asia & Pacific*. Accessed March 15, 2020. http：//www. xinhuanet. com/ english/2020 – 03/15/c_ 138880509. htm.

Yamada, T. S. (2019). Cambodia's Changing Landscape：Rehetoric and Reality. In *China and Southeast Asia in the Xi Jinping Era* (pp. 65 – 85). London：Rowman & Littlefield Publishing Group, Inc.

Yasin, N. A. (2018, October 20). Terrorists' Exploitation of Cyberspace in Southeast Asia. *Social Media in Southeast Asia*. Singapore：ISEAS – Yusof Ishak Institute – ASEAN Focus, 16.

中柬非传统安全合作：机遇、挑战及其前景

许利平

中国社会科学院亚太与全球战略研究院研究员

中国和柬埔寨是肝胆相照的好邻居、好朋友、好兄弟、好伙伴。两国从建交时的传统睦邻友好，逐步发展成为全面合作伙伴乃至全面战略合作伙伴，如今两国正在全力构建具有战略意义的命运共同体。

非传统安全合作是构建中柬命运共同体的重要路径，也是建设中柬全面战略伙伴关系的重要支柱。它不仅体现在双边层面，而且还在地区层面具有广阔的发展空间。同时，我们也应该看到，中柬都属于发展中国家，都面临治理能力提升和地缘政治干扰等因素的挑战。深入分析和研究中柬非传统领域合作对于打造更加紧密的中柬命运共同体不仅具有现实意义，而且对于更好地推动澜湄合作具有示范意义。

一 中柬非传统安全合作面临的机遇

2018 年，中柬建交 60 周年，双方在政治、安全、经济和人文四个领域取得了突破性进展。现在中柬双边关系保持高水平发展，"一带一路"不断走深走实，这为非传统安全合作带来了巨大历史性机遇。

（一）政治互信的牵引力

政治互信是中柬关系的优势，也是推动中柬非传统安全的牵引力。在全面战略合作伙伴关系框架下，中柬双方保持高层密切交往与沟通，

加强治国理政经验交流。仅 2018 年以来，双方高层往来至少 20 次。两国在政府、政党、立法机构、地方等方面的交往扩大，为增进双边政治互信奠定了坚实的基础。

2019 年 4 月 28 日，《中华人民共和国政府和柬埔寨王国政府关于构建中柬命运共同体行动计划（2019—2023）》在北京正式签署。该行动计划是柬埔寨首相洪森出席第二届"一带一路"国际合作高峰论坛的最重要成果，是中国与不同社会制度国家签署的首份命运共同体行动计划，是指导中柬全面战略合作伙伴关系发展的一份纲领性文件，更是中国推动构建人类命运共同体的重要实践，意义十分重大。这份行动计划，标志着中柬政治互信从理念开始全面落实到具体行动上，表明中柬政治互信的务实性、可持续性，毫无疑问将为中柬非传统安全合作注入强大动力。

（二）抗击新冠肺炎疫情的驱动力

突如其来的新冠肺炎疫情对各国的经济和普通老百姓生活造成较大的负面冲击。在此背景下，国际社会对中国的污名化也接踵而至，这显然不利于国际社会团结一致抗击新冠肺炎疫情。

在中国人民抗击新冠肺炎疫情的关键时刻，洪森首相临时决定访问中国，表达对中国抗击疫情的坚定支持以及共同战胜疫情的坚定信心。2020 年 2 月 5 日，在韩国参加完世界和平联盟峰会后，洪森首相对华进行了 1 天的工作访问。习近平主席在会见洪森首相时表示，"当前，中国政府和人民正在全力抗击新型冠状病毒感染肺炎疫情。患难见真情。在这个特殊时刻，柬埔寨人民同我们站在一起。西哈莫尼国王和莫尼列太后专门向我们表达慰问和支持，首相先生更是多次力挺中方，今天又特意来华访问，体现了牢不可破的中柬友谊和互信，诠释了患难与共这一中柬命运共同体的核心要义。中方对此深表赞赏"。洪森首相则表示，"我临时决定在此特殊时候来华，就是为了展示柬埔寨政府和人民对中国政府和人民抗击疫情的大力支持。在中国困难的时候，柬埔寨人民同中国人民坚定地站在一起，患难与共，共克时艰，是真正的'铁杆朋友'"。

病毒没有国界，但合作是超越国界的。新冠肺炎疫情是一件国际公共卫生安全事件，属于非传统安全威胁，需要国际社会共同面对。特别是像柬埔寨这样的发展中国家，公共卫生安全体制薄弱，迫切需要与中国开展国际合作。共同抗击新冠肺炎疫情将成为中柬开展非传统合作的助推器。

（三）澜湄合作的吸引力

自 2016 年 3 月 23 日澜湄合作正式启动以来，为扎实推进澜湄六国间的务实合作，中国与湄公河沿岸国家一道已经建立了多层次、宽领域的合作框架，比如领导人会议、外长会议、高管会议以及各个领域的联合工作会等；还确认了澜湄合作的三个支柱，即政治安全问题、可持续的经济发展、社会文化和人文交流。此外，已经成立的澜湄综合执法安全合作中心、水资源合作中心、环境合作中心、全球湄公河研究中心等，都在不同领域大力推进非传统安全合作。

澜湄合作为非传统合作提供了不少平台和具体务实合作项目，这增大了中柬推动非传统安全合作的吸引力，进一步夯实了非传统合作的多边机制根基。

二　中柬非传统安全合作面临的挑战

在工业化、现代化不断推进，地区一体化不断深入的背景下，中柬非传统安全面临一些挑战。这些挑战既源自国内自身因素，也有国际因素的作用，具有跨国、跨地区的特点。

（一）毒品贩卖或走私现象严重

由于柬埔寨独特的地理位置，现在柬埔寨成为地区毒品贩卖或走私的重要通道之一，变成毒品的集散地。一般来说，柬埔寨本身不生产毒品，本地很少种植罂粟等毒品原材料植物。从柬埔寨警方查获的毒品种类来看，大部分毒品来自金三角地区，少部分毒品则是从其他地方把制作毒品的化工原料偷运进来然后在本地合成加工。其中，有极少数中国不法分子在柬埔寨制作新型毒品和摇头丸。

柬埔寨的毒品主要输出地为美国和中美洲地区，然后是阿富汗、缅甸、泰国、老挝和欧洲部分国家，也有部分输出到中国。柬埔寨的毒品滥用形势严峻，从中心城市到农村到边境地区，一年比一年严重。据柬埔寨警方的估计，赌场娱乐场所90%以上涉毒。柬埔寨的一些大货车司机也吸毒，有的是为了抗疲劳，这很危险，导致交通事故很多。一些吸毒人员容易受到操控，被一些犯罪分子利用实施犯罪行为。

由于制作新型毒品价格更低廉，1公斤毒品大约2000美元，毒品更加泛滥。贩卖或走私毒品的犯罪人员主要是当地人和越南人，也有中国台湾人，他们把柬埔寨当作贩毒的基地或中转过境通道。

（二）水患形势不容乐观

柬埔寨地处湄公河下游地区，每当雨季来临时候，水位就有可能超过警戒线，造成洞里萨湖周围的几个省份受洪灾影响较大，一些村庄和学校可能会遭殃，被洪水淹没。与此同时，在旱季的时候，柬埔寨就十分干旱，许多农田缺水。

造成柬埔寨水患的原因主要有几个方面。一是湄公河沿岸国家在水资源方面管理不善，比如上游老挝的水电站在遇洪水时开闸，如果没有提前通知柬埔寨，那么柬埔寨就会受到洪水的危害。二是湄公河跨地区合作机制没有发挥应有的作用。湄公河沿岸国家与日本、韩国、美国、东盟、联合国等建立了层次不一的次区域合作机制，但在如何有效防止水患方面，取得实效很少。三是环境整治的缺失。洞里萨湖是柬埔寨天然防洪屏障，但近年来，越南等国一些非法移民在洞里萨湖周围违法乱搭乱建，给治理水患增大了难度。

（三）跨国犯罪日益猖獗

柬埔寨金融管制较为自由宽松，中国一些不法分子利用这一政策优势，将柬埔寨变成其洗钱的基地，因此跨国的金融犯罪频发、多发，对中柬金融安全造成了极大威胁。

柬埔寨也成为非法网络赌博的重灾区。特别是在西哈努克港地区，大量非法网络赌博公司存在，抬高了当地的房价或房租，增加了当地老百姓的生活成本，直接干扰了中柬正常的社会秩序。

此外，跨国电信诈骗、拐卖人口等犯罪行为也时有发生。

（四）地缘政治的阻力

美国等西方国家不甘心中柬走近，试图采取各种措施对柬埔寨国内政局施加影响力，这使得柬埔寨面临日趋复杂的国际环境。当前柬美关系日趋冷淡，2013年大选时洪森认为美企图在柬发动"颜色革命"。美国正着力加强在印支地区的存在，对柬埔寨仍然会打出将经济援助和"人权"、"民主"联系的牌。日本表面低调，实则在柬埔寨下的功夫很深，包括在加大对柬埔寨援助力度的同时刻意避免跟随西方国家批评洪森政府，其用意是对冲中国在柬埔寨的影响力。

自2019年2月欧盟宣布启动撤销柬埔寨关税优惠措施（EBA）程序以来，双方经过多轮磋商和调研，第一阶段程序已于2019年8月中旬结束。欧盟将用最多3个月的时间起草报告，之后欧柬双方还将围绕报告举行磋商谈判，尽管目前距离最后决定及其生效还有时日，但柬埔寨国内对于EBA撤销前景的评估，似乎较前更加黯淡。

（五）非政府组织的干扰

柬埔寨的非政府组织非常发达，似乎与柬埔寨的发展不太相称。截至2018年底，在柬埔寨内政部登记和注册的各类协会及非政府组织数量已达到5523家，其数量在全世界居第2位，仅次于菲律宾。其中与外交与国际合作部签署备忘录的有419家。20～30家非政府组织与西方国家保持定期联系与合作，这些非政府组织大都与环保、反坝运动、反腐等议题相关，其背后得到英国、美国等西方国家的大力支持。在关键时机，这些非政府组织充当了反政府的角色，干扰中柬之间的非传统安全合作。

三 中柬非传统安全合作的前景

虽然中柬非传统合作面临多重挑战，但是中柬合作的基础良好，这为未来中柬开展卓有成效的非传统安全合作提供了良好的预期。根据中柬两国具体国情，面对错综复杂的非传统安全国际形势，中柬双方需要抓住以下几个方面重点工作，进一步推进双边和地区的非传统安全合作。

（一）联合打造应对公共卫生安全的合作典范

2020 年新冠肺炎疫情是全球公共卫生安全的共同威胁。有效应对威胁，需要国际社会团结一致，共同合作。新冠肺炎疫情发生以来，柬埔寨西哈莫尼国王和莫尼列太后向习近平主席致信慰问并提供现汇捐助，柬社会各界也纷纷向中方提供捐款和防疫物资，积极支持中国人民打赢这场疫情防控阻击战。

在新冠肺炎疫情全球大流行关键时刻，中国及时向柬方捐赠了一批防疫物资，包括检测试剂、N95 防护口罩、一次性医用外科口罩、防渗透隔离衣、医用防护服等。2020 年 3 月 23 日，中国抗疫医疗专家组一行 7 人抵达金边，与柬埔寨人民一起共同抗击疫情。"面对新冠肺炎疫情，柬埔寨当前面临两大紧急任务：一是快速应对日益增加的输入病例，防止病毒扩散；二是为广泛社区传播做好应对准备。"中国专家毫无保留地向柬埔寨介绍抗疫经验，比如早发现、早报告、早隔离、早治疗的防控要求和集中患者、集中专家、集中资源、集中救治的救治原则。世卫组织驻柬代表李爱兰表示，"中国专家不仅能够在病患治疗方面提供实际经验和可行方法，还可以在外防输入、内防扩散等方面介绍行之有效的公共卫生应对措施"。

（二）双管齐下深化禁毒合作

禁毒合作是一项十分复杂而艰巨的工作，需要采取精细化策略加以应对。一方面，需要提升禁毒能力。可以考虑在柬埔寨设立禁毒中心，提供相关技术装备，开展技术培训、设备检修、软件升级、数据维护等综合服务。另一方面，通过在柬中资国企捐款方式筹募资金，充分利用社交平台与主流媒体，开展全国范围禁毒宣传，并在此过程中讲好中柬合作禁毒故事，夯实中柬联合禁毒的民意基础和社会基础。

（三） 以澜湄合作为抓手开展水患治理合作

水患威胁是包括中柬在内的澜湄地区国家和人民的共同挑战。2016年3月通过的《三亚宣言》，将水资源合作列为澜湄合作五个优先领域之一，重点提出加强水资源可持续管理和利用，吹响了澜湄水资源合作的动员号。2018年1月，澜湄合作第二次领导人会议通过《金边宣言》，审议通过了《澜沧江—湄公河合作五年行动计划（2018—2022)》，进一步确定了澜湄水资源合作的努力方向。

可以充分利用现有澜湄合作基金，在政策沟通、共享汛期水文信息、人员培训等方面开展水患治理合作。

（四） 开展联合打击跨国犯罪行为合作

跨国犯罪行为主要表现为跨国网上非法赌博、跨国电信诈骗、跨国拐卖人口等。联合打击这些跨国犯罪行为需要联合执法，中柬双方近年来在联合执法方面进行了务实合作。2019年1月，中柬双方共同确定2019年为中柬执法合作年，开启了中柬执法合作新篇章。2019年3月，国务委员、公安部部长赵克志与柬埔寨副首相兼内政部大臣韶肯在华共同出席中柬执法合作年启动仪式，并签署了中柬执法合作年行动计划。中方由公安部经侦、治安、刑侦、网安、国合等多个部门、国家移民管理局以及江苏等地方公安机关共同参与，柬方由内政部、国家警察总署、移民总局、西哈努克省警察局等共同参与。

2019年9月，柬埔寨警察总监奈萨文来华访问，并签署《中华人民共和国公安部和柬埔寨王国内政部关于成立执法合作协调办公室的谅解备忘录》。随着联合执法合作的深入，跨国犯罪案件明显比以前减少了。

总而言之，中柬关系经历了历史的考验，双方是真正的"铁杆朋友"。在全球性传染疾病、跨国犯罪、水患、贩毒等非传统安全威胁不断升级的背景下，中柬双方需要秉持人类命运共同体理念，患难与共、同舟共济，开展惠及各方的合作，打造地区人类命运共同体建设的试验田。中柬已经开展的卓有成效的非传统安全合作实践表明，合则赢、分则裂。我们有理由相信，在中东双方政府和人民共同努力下，中东非传统安全合作将结出越来越丰硕的果实。

参考文献

http：//www. xinhuanet. com/globe/2019－05/15/c_ 138054870. htm（released on March 1，2020）.

http：//www. xinhuanet. com/politics/leaders/2020－02/05/c_ 1125535664. htm（released on March 1，2020）.

http：//www. xinhuanet. com/politics/leaders/2020－02/05/c_ 1125535664. htm（released on March 2，2020）.

http：//news. sina. com. cn/o/2020－03－24/doc－iimxyqwa2761644. shtml（released on March 25，2020）.

http：//news. sina. com. cn/o/2020－03－24/doc－iimxyqwa2761644. shtml（released on March 25，2020）.

从印尼视角看柬中关系

陈姝伶

（Christine Susanna Tjhin）

印尼外交政策协会中国政策小组专家成员

一 引言

柬中不断发展的关系在该地区（包括印度尼西亚）获得了更多关注。在从印尼视角看柬中关系之前，有必要了解印尼与这两个国家的关系，作为背景情况。本文将首先概述印尼与柬埔寨以及与中国的关系，然后突出呈现印尼对柬中关系看法的一些关键问题。

二 印柬关系

早在8世纪，爪哇的马塔兰王国便与真腊王国交往密切。在苏加诺总统于亚非万隆会议上首次会见西哈努克亲王后的第四年，即1959年，两国正式建立外交关系。

1959年2月13日，这两个年轻国家的政府在雅加达签署了印柬友好协定。1972年3月，阿卜杜勒·拉希德（Abdul Karim Rasyid）少将（已退役）成为首位印尼驻柬大使。

1997年2月18日，两国成立双边合作联合委员会（JCBC），使双边关系进一步制度化。自那时以来，两国举行了四次会议，会议地址分别位于金边（2001年）、日惹（2004年）、暹粒（2006年）和雅加达（2018年）。

（一）政治和安全关系

政治安全关系在两国关系中较为突出。该关系的一个关键基础是两国在独立之初都经历过军政府统治。印尼拥有一些其他邻国没有的影响力，能够在与柬埔寨的交往中发挥更大作用。

通过多次会议，印尼为柬埔寨和平进程做出了积极贡献，包括：雅加达非正式会议（首轮于 1988 年 7 月在茂物进行，第二轮于 1989 年 2 月在雅加达进行）；1989 年柬埔寨问题国际会议（ICK）；1990 年柬埔寨问题非正式会议；最终，1991 年在柬埔寨问题巴黎国际会议（PICC）上，达成了《巴黎和平协定》。

1992 年、1993 年、1996 年，共有 3957 名印尼维和部队人员参与了联柬权力机构（UNTAC）的特派团。尽管印尼遇到了挑战（尤其是在后期），但它还是设法在政治领域（促使柬埔寨交战各方进行对话）和安全领域（所派维和力量在联柬权力机构之中最多）发挥了关键作用。这一过程使印尼军方获得了未来参与维和行动的宝贵经验，并因其在维护东南亚地区和平稳定方面发挥的作用受到广泛尊重。

2007 年 12 月，印尼陆军（TNI－AD）和柬埔寨皇家武装部队陆军（RCAF）在柬埔寨签署了《关于两军对话的谅解备忘录》，随后于 2017 年签署了《关于防务领域合作的协议》，涵盖了各种军事合作，包括两军对话、联合演习（柬埔寨 911 特战旅与印尼陆军特种行动大队一起训练）、定期能力建设和交流。

（二）经济和社会文化关系

两国经济和社会文化关系稳步发展，贸易是其中的支柱。过去十年，柬埔寨经济不断发展，带动了纺织品、旅游和建筑业的贸易。印尼贸易部数据显示，2014 年，印柬贸易总额为 4.345 亿美元，现已逐步增加至 5.586 亿美元。自 2013 年以来，印尼对柬埔寨的出口平均增长率达到 10.86%，其中服装、橡胶和鞋类是最多的出口产品。

受柬埔寨欢迎的印尼产品包括食品、家庭和汽车护理产品、个人护理、药品、蜡染、蛇皮果、四轮车辆等。出口至柬埔寨市场的清真产品也有增长，并且有计划在印尼培训柬埔寨人从事清真产品管理。然而，尽管两国有密切的军事和国防接触，来自印尼战略产业的产品，如印尼航太公司（Dirgantara Indonesia）的飞机和陆军兵工厂（Pindad）的国防产品，却没有渗透进柬埔寨市场。

柬埔寨的经济在过去几年中增长了7%，但由于印尼商界缺乏兴趣，没有给予足够重视，对柬投资增长相当缓慢。印尼官员建议，印尼国有企业应认真考虑在柬进行基础设施建设，特别是公共设施、电信和天然气管道的建设。印尼交通部已表示愿意参与柬铁路发展。前财政部长巴斯里（Chatib Basri）也鼓励印尼投资柬埔寨稻田，因为印尼对大米有很高需求。中爪哇省政府也表示有兴趣进一步发展柬埔寨的蛇皮果种植和咖啡业。

在过去几年里，旅游业平均每年增长15%。2018年，前往柬埔寨的印尼游客达到55753人次，而前往印尼的柬埔寨游客为8819人次。旅游业面临的主要挑战是两国之间连通性不足，关键地区之间没有直飞航班。

中爪哇和暹粒省政府于2007年签署了一份关于姊妹省的谅解备忘录，并于2012年签署了STP行动计划。其中包括共同致力于管理婆罗浮屠寺和吴哥窟，以及发展旅游、教育、文化遗产、投资、工业和贸易等相关行业。

三 印尼与中国关系

和逐步发展、相对稳定的印柬关系不同，印中关系要戏剧性得多。印尼与中国的渊源颇深，在此期间，来自中国的移民潮，使印尼拥有了大中华地区外世界最大规模且最多样的海外华人。印尼与中国关系面临的最严峻挑战，大多源于有关各方未能且不愿认识和解决印尼华人群体的多样性、复杂性和流动性问题。

（一）印尼国内政治和与中国的外交关系

建国初期，两国富有魅力的领导人——印尼的苏加诺和中国的毛泽东建立了友好关系，这推动两国增强外交关系，包括1955年在万隆举行的不结盟运动峰会/亚非会议、雅加达新兴力量会议（CONEFO），建立雅加达—河内—北京轴心。

然而印尼国内局势却紧张得多。刚独立的印尼仍深陷冲突之中，包括：①前殖民统治者荷兰的侵略，它想凭借美国和盟军的帮助重夺控制权。②不同政治派别（民族主义者、教徒、社会主义者、共产主义者、军方）为夺取政权而进行政治斗争。③中国共产党和中国国民党的斗争导致了大量的意识形态和政治问题，后者试图积极获得海外华人支持。因此，尽管印尼华人社区极富多样性，但他们还是经常被指责更忠于他们"先祖的土地"。④荷兰殖民者 300 年隔离政策遗留问题很多，导致种族局势紧张。

1966 年 9 月 30 日，据称印度尼西亚共产党（英文名 Parttai Komunis Indonesia 或 PKI）发动了一场未遂的政变。随后社会主义/共产主义阵营在印尼被禁止，苏哈托建立了"新秩序"政权。

在 32 年的统治期间，苏哈托通过将"三角威胁"（中国、共产主义、印尼华人）制度化并写入国家的治理法规之中，来使自己的统治合法化。1967 年，中国被指控支持这场未遂政变，苏哈托中止了同中国的外交关系。"新秩序"政府立刻禁止印尼共产党活动，封禁了所有和共产主义/社会主义有关的材料。苏哈托清洗了政府中的印共成员及其同情者，以及那些被控或被怀疑拥有左翼倾向的人。他还以国家建设为由，对印尼华人社区采取强制"同化"政策。自 1998 年苏哈托政权倒台至今，人们仍能感受到"反共"和"同化"政策带来的严重后果。

苏哈托的倒台标志着重大变革时期的到来。后来的政府开始废除大部分歧视性规定，亦逐渐改善同中国的外交关系。

（二）作为支柱的战略伙伴关系和经济关系

1998 年 5 月印尼爆发了反华暴力事件，这场悲剧也预示着苏哈托下台后政府改革的开始。随之而来的印尼政治过渡期间的动荡局面，使得印尼与中国关系发展缓慢。直到 2004 年印尼举行首次总统直接选举，政局才稳定下来。

2005 年，印尼与中国建立战略伙伴关系，2013 年升级为全面战略伙伴关系。同年，习近平主席成为首位在印尼议会发表演讲的外国领导人，他在演讲中提出了"21世纪海上丝绸之路"。

图1可以说明两国关系在经济层面上的发展。贸易一直是两国经济关系的支柱。即便是苏哈托统治时两国外交的冰冻期，两国仍通过香港进行小规模的贸易。两国贸易额从2002年的53.3亿美元增加到2018年的726.7亿美元。自2017年以来，中国已取代美国成为印尼最大的贸易伙伴。

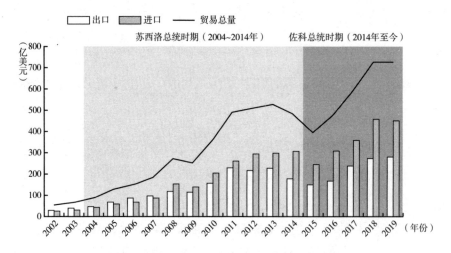

图1　印度尼西亚与中国贸易情况（2002～2019年）

资料来源：作者根据印尼贸易部数据制图。

中国对印尼直接投资不如贸易一般增长势头强劲，但在过去五年中也取得了长足进展。起初，中国的投资实现率远低于其他国家。据印尼投资协调委员会（BKPM）数据（见图2），2014年之前，中国所承诺的对印直接投资仅有4%的平均实现率，但在过去五年中，平均实现率达到了15%～20%。

旅游业和民间关系也在不断改善。从2002年到2014年，旅游人数增加了18倍。2016年，中国游客赴印尼旅游数量仅次于马来西亚，稳居第二，印尼成为中国游客首选的十大目的地之一。根据印尼驻华大使馆提供的数据，1998年印尼在华留学生只有1000多名，到2019年这一数字已超过1.4万名。

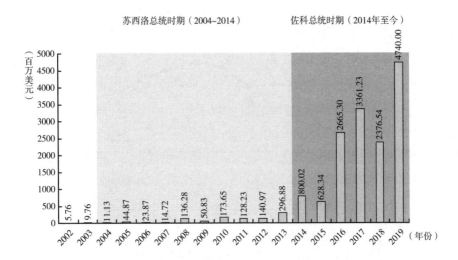

图 2　来自中国的外国直接投资（2002～2019 年）

资料来源：作者根据印尼投资协调委员会数据制图。

与柬埔寨不同的是，印中政治和安全关系发展极为缓慢。考虑到印尼国内政治、两国双边关系的历史以及印尼政府对中国"崛起"将如何影响该地区的更广泛担忧，进展缓慢是不可避免的。

四　管理认知与面对现实

受印尼同柬埔寨和中国的关系影响，印尼对柬中密切关系的看法，更多受印尼国内对中国看法的影响。

皮尤研究中心（Pew Research Center）的民意调查，提供了 2002～2019 年的印尼公众对中国看法的数据，为我们描绘了非常有趣的观念变化图。2019 年，印尼公众对中国好感度达到了历史最低。尽管 2013 年后两国经济往来有所增加，但印尼对中国好感度自那年起便持续走低。

公众好感度于 2005 年达到峰值（73%），在 2013 年以前一直处于小幅波动中，接着便持续下降至 2019 年的最低点（见图 3）。皮尤的调查还发现，36% 的印尼受访者认为中国的经济增长对印尼是坏事，40% 的受访者认为是好事；48% 的受访者认为中国的投资对印尼很糟糕，只有 32% 的受访者认为中国投资是好的。

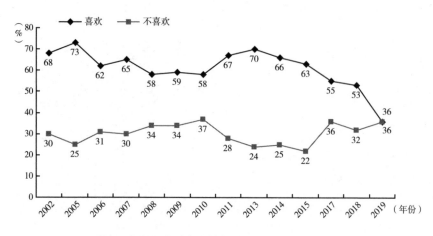

图 3　印尼公众对中国的好感度（2002～2019 年）

资料来源：作者根据皮尤全球指标数据库数据制图。

　　尽管调查结果并非绝对，但我们可以用它来进一步讨论印尼公众对中国态度的变化。有很多因素会导致积极情绪的减少，如前文所提的历史包袱、对中国"崛起"的看法、印尼选举中"身份政治"（identity politics）的流行，等等。

　　虽然积极情绪减少了，但消极情绪一直保持稳定，"未知"情绪增加了。我们尚不知道后者代表什么。一种较为乐观的解释是，受访者希望在做出判断时更加谨慎，特别是在有大量围绕着中国的假新闻、虚假信息的情况下。另一种可能是受访者处于矛盾心理之中，印尼学者经常使用这个词语描述印尼与中国关系。

　　这种矛盾心理也反映在印尼对柬中关系的看法上。最近，柬埔寨在中美贸易摩擦中"左右逢源"，很好地吸引了撤出中国的公司落地该国。这令印尼商界感到赞叹。柬埔寨、老挝、缅甸和越南合作委员会主席及印尼商会主席（Juan Gondokusumo）说："事实上，（印尼人）是（柬埔寨人）的老师，但老师固步自封，所以学生打败了老师。"一些印尼媒体甚至将柬埔寨描述为印尼的"新竞争对手"，同时强调了柬埔寨所取得的经济成就。

　　另一个例子则是《华尔街日报》早些时候的一篇报道。报道称，中国与柬埔寨达成"秘密协议"，将在柬"建设军事基地并派驻解放军"。

这在社交媒体上引发了印尼精英阶层和公众另一场有关"中国威胁"的辩论。印尼信息与通讯部（KOMINFO）甚至不得不对这一情况做出澄清。

中国对柬埔寨的经济影响力日益增长，"破坏了东盟的团结及其核心地位"。很明显，印尼对这一情况十分担忧。然而现实是，柬中关系给柬埔寨带来的经济利益是东盟（作为单一区域实体）及东南亚诸国（特别是印尼）无可比拟的。2017年和2018年，中国对柬埔寨的外国直接投资分别占柬埔寨外国直接投资总额的23%和26%，而东盟成员国直接投资的总额分别占22%和25%。

我们可以进一步探讨一些有建设性的方法，就如何确保柬中关系成为深化区域一体化的支柱之一展开讨论。在该地区同中国的交往中，有许多因素可能造成人们无法理性地、建设性地看待事物。柬埔寨参与中国的"一带一路"倡议，我们可以学到很多经验，从而逐渐消除疑虑和不安全感。

发掘合作潜力，深化中柬全面战略合作伙伴关系

祝伟伟

中国社会科学院信息情报研究院副研究员

中国和柬埔寨的友好关系源远流长，时至今日更是呈现良好的发展势头，两国高层互访频繁，双边政策交流日益增多，战略合作全面展开。中柬两国都是极具发展潜力的经济体，在国际和区域事务中发挥着越来越重要的作用。随着政治与经济合作的不断深入，两国学界的相互关注度也不断提升，对彼此的研究日渐深入，但与日益发展的两国关系相比，智库的交流与合作还有更大的发展空间。

一 区位优势

随着经济的发展，中柬两国国际影响力不断提升，双方在国际事务尤其是地区事务中的地位和作用也越来越重要。

作为中南半岛大家庭中的重要一员，柬埔寨地理区位独特，是澜沧江—湄公河流域的主要国家，是规划中的泛亚铁路东线的必经之地，是共建"一带一路"国家，具有较强的区域辐射能力。柬埔寨独特的地理位置决定了其在中南半岛乃至东南亚区域事务中的重要作用，无论从双边关系还是多边关系来看，柬埔寨都是中国的重要合作伙伴。

尤其在澜湄合作中，柬埔寨具有重要的地位，对缓解和消除周边国家对澜湄合作的疑虑有重要的作用。柬埔寨是澜湄合作的受益者、实践者、支持者，在中国深化与中南半岛国家合作中具有重要的示范和带动

作用。当前澜湄合作已发展成为次区域最具活力和潜力的合作机制之一。自 2015 年底澜湄合作开始以来，中国与湄公河五国贸易往来大幅增长，2018 年双方贸易额超过 2600 亿美元，比 2015 年增长了 35%。

柬埔寨是规划中的泛亚铁路东线的必经之地，是亚洲铁路网的重要节点，在东亚、东南亚铁路交通基础设施规划、建设中，柬埔寨也是主角之一。2019 年 4 月洪森首相表示，希望中国铁路总公司与柬埔寨皇家铁路公司合作在柬埔寨开发铁路，提高柬埔寨列车的运行速度。这一合作如能达成，不仅中柬之间的贸易往来将进一步增加，而且对泛亚铁路建设也具有重要的示范意义。

此外，柬埔寨还是"一带一路"建设的重要节点。"一带一路"的发展规划中共有五条经济走廊，分别是中蒙俄、中国—中亚—西亚、中国—中南半岛、中国—巴基斯坦和孟中印缅，其中有两条经济走廊即中国—中南半岛和孟中印缅经济走廊涉及中南半岛，可以说中南半岛是"一带一路"建设的重要枢纽。在这一重要枢纽上，西哈努克港经济特区见证着中柬两国共建"一带一路"的蓬勃发展。习近平总书记曾说："蓬勃发展的西哈努克港经济特区是中柬务实合作的样板。"2019 年，西哈努克港进驻了 161 家外国企业，其中中国企业达到 148 家，为柬埔寨创造了 2 万多个就业岗位。

"一带一路"建设的核心内涵是互联互通，即政策沟通、设施联通、贸易畅通、资金融通、民心相通，与柬埔寨正在开展深化改革的"四角战略"高度契合。"四角战略"的主要目标是提高农业生产力，恢复和重建基础设施，发展私人经济和增加就业，以及培训人才和发展人力资源。中柬双方应积极推进"一带一路"与"四角战略"对接，充分发挥双边及多边合作潜力，推动区域合作不断升级，推动命运共同体建设，共同维护东南亚区域稳定。

二　政治与安全合作

柬埔寨自 1953 年独立以来，政治发展并不稳定，先后发生了五次政权更替，但总体上保持着对华友好亲善的态度。中柬双方早在西哈努克亲王时期就开启交往并奠定了友好往来、政治互信的良好基础。

到洪森政府时期，中柬政治合作更是不断加深，双方高层互访频繁。2010年，中柬两国建立全面战略合作伙伴关系，双边关系进入新时期。洪森首相近几年访华频率基本保持在一年两次。2016年，习近平主席访问柬埔寨，推动了中柬全面战略合作伙伴关系的进一步深化与升级。习近平主席评价柬埔寨是中国"肝胆相照的好朋友""情同手足的好邻居"，两国发展理念高度契合，在关乎彼此核心利益和重大关切问题上守望相助，在推进国家建设、促进民生发展中互帮互助。2018年适逢中柬建交60周年，李克强总理访问柬埔寨，助推两国关系迈上新台阶。

除了高层互访，中柬两国在其他政治领域的合作也逐渐展开和加深。坚持中国共产党的领导是中国特色社会主义最本质的特征，是中国飞跃式发展的政治密码。中国的发展为世界贡献了中国经验，为发展中国家的政治建设提供了新的参考，越来越多的国家开始探索中国政党建设与治理的有益经验。洪森首相先后参加了2004年9月中国共产党主办的第三届亚洲政党国际会议、2015年10月的亚洲政党丝绸之路专题会议以及2017年11月30日至12月3日的中国共产党与世界政党高层对话会，并表示"中国共产党具有非凡智慧和强大的组织协调能力"，"中国共产党的治党治国经验对柬埔寨人民党启示良多"。

在政治互信的基础上，中柬两国在安全合作领域展开了实质性合作。习近平主席和洪森首相将2019年确定为中柬执法合作年，开启了中柬安全合作的新篇章。2019年9月27日，中柬执法合作协调办公室在柬埔寨首都金边成立，这不仅是中柬双方警务合作的新台阶，也是中国警方在全球设立的首个双边警务合作中心，标志着中国在国际范围内加强安全合作的新起点。一年来，中柬双方执法部门密切合作，维护国家安全和社会安全，在打击毒品犯罪、网络赌博、电信诈骗等领域取得了明显成效。据统计，截至2019年8月底，在中国的密切配合下，柬埔寨警方共逮捕并遣返涉黄、赌、毒、黑等中国籍犯罪嫌疑人1000多名。在短短不到一年的时间里取得如此成效，可见中柬双方的警务合作务实且扎实，双方安全合作也将在此基础上不断推进，成为中国与周边国家安全合作的典范。

三 经济潜力与合作

近年来，中柬两国经济发展均取得了令世界瞩目的成绩，并且都属于极具发展前景和发展动力的新兴经济体。

改革开放以来，中国经济保持高位增长，有的年份甚至达到两位数。2010 年中国经济总量超过日本，成为世界第二大经济体，自此中国开始调整发展思路，从高速度发展逐渐转变为高质量发展。2015 年开始，中国的经济发展速度基本稳定在 7% 左右，这是综合国内外经济形势后对经济增长现实做出的清醒考量，也是为优化发展环境腾出时间和空间。在中央的部署下，中国经济转型取得了明显成效，"三新"经济即新产业、新业态、新商业模式呈现新的发展动力，为经济发展注入活力。2018 年"三新"产业经济增加值在 GDP 中的占比达到 16.1%，按现价计算的增速为 12.2%，比同期 GDP 现价增速高 2.5 个百分点。

近十年来，柬埔寨经济增长强劲，连续八年 GDP 增长超过 7%，2018 年多项经济数据表现在东南亚排名第一，一跃成为"亚洲经济新虎"。柬埔寨人均 GDP 同样增长明显，2016 年柬埔寨脱离低收入国家行列，迈入中等偏低收入国家行列，2019 年人均收入 1700 美元。

不仅如此，柬埔寨的经济发展极具潜力。首先，柬埔寨产业结构不断升级调整，正在从以农业为主转向以工业和服务业为主。从 2009 年到 2018 年的十年间，柬埔寨农业产值在国民生产总值中的比重不断降低，从 33% 降至 22% 左右，而工业产值占比则从不足 22% 提高到将近 33%。2019 年，柬埔寨建筑、服饰、农业和旅游四大产业产值占 GDP 的 70%。服装加工蓬勃发展，已成为出口最大的产业，2019 年柬服装纺织品和鞋类出口占比达到 68%。旅游业也已经发展成为柬埔寨的重要产业之一。2018 年柬埔寨的外国游客达到 620 万人次，柬旅游部预计 2020 年到柬埔寨旅游观光的外国游客将增长至 700 多万人次，将为国家带来 50 亿美元外汇收入，创造 100 万个就业岗位。

其次，人口结构合理，2018 年柬埔寨 35 岁以下年轻人口占 72%，65 岁以上老龄人口仅占 4.57%，年轻劳动力充足，社会养老压力小，是一个年轻且动力十足的社会。与之相比，世界上多个发达国家已经步入老龄社会,例如,德、法、意等欧洲国家 65 岁以上老龄人口大多在 20% 以上,中国将近 11%。

最后,失业率低。劳动力充足往往伴随着就业问题,而柬埔寨却是全世界失业率最低的国家之一,失业率仅 0.3%,仅次于卡塔尔。

最近十年,中柬两国经贸往来密切,中国多年来连续为柬埔寨第一大进出口国,每年的双边贸易额增长率基本保持在两位数以上。2015 年 11 月,中国—东盟自贸区升级版正式签署,为中柬贸易带来了更多的便利条件。从 2009 年到 2018 年的十年间,中国与东盟的贸易额从 2130.1 亿美元增长到 5878.7 亿美元,增长了 1 倍多;而同期,中柬贸易额从 9.77 亿美元增长到 73.9 亿美元,增长了 6 倍多。2018 年中柬两国贸易额占柬埔寨进出口总额的近 30%。不仅如此,中国也连续多年为柬埔寨第一大投资国,平均每年投资额为 10 亿美元,至 2018 年累计投资超过 170 亿美元。在逆全球化的大环境下,这些数字充分体现出两国经济关系的稳固与蓬勃发展。

四 人文与智库交流

随着"一带一路"倡议的提出和推进,近年来,中柬全面战略合作伙伴关系得到进一步提升、发展与加强,除了政治、经贸等领域的合作外,双方民间交往也日渐加深。

随着柬埔寨旅游业的发展,中国游客的数量不断增加,越来越多的中国人实地了解柬埔寨的风土人情,柬埔寨学中文懂中文用中文的人也越来越多。2017 年 11 月中国赴柬游客数量首次突破 100 万人次大关,中国成为柬埔寨最大客源国。2019 年前 10 个月中国赴柬游客超过 200 万人次,同比增长 24.4%。

在民间交往的基础上,学界的相互关注也不断深入。以中国学界对柬的研究为例,2000 年以来,中国关于柬埔寨的研究成果数量稳步增加。2000~2007 年,每年的研究论文、报告等不足 100 篇;2007~2012 年基本为 100~200 篇;2013 年"一带一路"倡议提出后,成果数量明显增加,每年超过 200 篇。但是从内容来看,绝大部分成果是研究"一带一路"建设、中国与东盟关系时提及柬埔寨,专门的柬埔寨研究大部分属于经济数据统计与汇总，包括柬埔寨经济发展、中柬经贸往来等，而对柬埔寨政治、经济、社会的专业性研究少之又少，可见中国对柬埔寨的研究还有待深化与加强。

五 结语

世界正面临着百年未有之大变局，冷战后形成的世界格局正在被打破，动荡加剧。2020年是美国大选年，中东紧张局势升级增加了美国大选的不确定性。欧洲一体化进程受阻，分裂性不断加剧。一是英国脱欧加剧了欧盟层面的分裂，德法核心在一些重大国际问题上也出现了分歧，2019年马克龙称北约已经"脑死亡"，而默克尔则对此进行了反驳。二是伴随着右翼政党的崛起，难民问题、恐怖主义加剧，欧洲社会的分裂也在加剧。在动荡性加剧的国际大背景下，中国提出的"一带一路"倡议和人类命运共同体建设具有非凡的意义，可谓世纪创举。通过"一带一路"和人类命运共同体建设，中国与周边国家和共建国家同呼吸、共命运，互联互通，打造着政治、经济、文化纽带，在动荡的国际格局中稳定自身发展，稳定周边发展，稳定区域发展。柬埔寨是中国的重要邻国和亲密伙伴，中柬两国政治互信，经济关系密切，人文交流有历史有基础。中柬全面战略合作伙伴关系正在为双边和多边合作树立典范，为次区域、区域乃至世界和平做出贡献。

首届中柬合作论坛就是双方智库交流的实践成果，借此我们可以加强两国智库的深入合作与交流，传递政策信息，从智库层面拉动政策沟通。充分发挥智库的社会影响力，通过智库发布研究成果和对外宣传，帮助两国企业、社会组织、公众加深对彼此的了解，凝聚共识，推动双方其他领域合作的顺利开展。

中東经济合作

推动新时代更高水平的中柬经贸合作

袁 波

商务部国际贸易经济合作研究院亚洲研究所

从全面战略合作伙伴关系到中柬命运共同体，从中国—东盟自贸区建设到"一带一路"国际合作，中柬两国政治经济关系不断向前发展，推动双边经贸合作不断攀升新台阶，在周边和"一带一路"共建国家产生了积极的示范引领作用。

一 新时代中柬经贸合作的特点

2010 年 12 月中柬两国建立全面战略合作伙伴关系以来，经贸合作取得显著进展，表现出以下四个特点。

1. 货物贸易快速增长，但贸易不平衡问题仍较为突出

中国自 2005 年以来对柬埔寨部分产品实施中国—东盟自贸区优惠税率，同时还单方面给予柬埔寨（联合国认定的最不发达国家）特惠税率，受惠于这些政策，中柬贸易快速增长。2005 年，中柬贸易进出口额仅为 5.7 亿美元，2008 年突破 10 亿美元，此后逐年攀升，2017 年突破 50 亿美元，提前实现两国领导人设定的目标。2018 年中柬贸易达到 73.9 亿美元，同比增长 27.6%，高出同期中国对外贸易增速 15 个百分点；其中中国出口 60.1 亿美元，中国进口 13.8 亿美元，同比分别增长 25.7% 和 36.6%。2019 年前 11 个月，中柬双边贸易额已经超过 2018 年全年，达到 85.3 亿美元，同比增长 27.8%，而同期中国对外贸易则下

降了2.3个百分点；其中中国对柬出口72亿美元，进口13.3亿美元，同比分别增长32.3%和7.7%。在总体贸易快速增长的同时，仍然需要注意到，目前中国对柬埔寨仍然存在较大贸易顺差，2018年达到46.3亿美元，是2005年（5.1亿美元）的9倍多（见表1）。

表1 中国与柬埔寨双边贸易发展情况

单位：亿美元

年份	中国向柬埔寨出口	中国自柬埔寨进口	进出口总额	贸易差额
1999	1.0	0.6	1.6	0.4
2000	1.6	0.6	2.2	1.0
2001	2.1	0.3	2.4	1.8
2002	2.5	0.2	2.7	2.3
2003	2.9	0.3	3.2	2.6
2004	4.5	0.3	4.8	4.2
2005	5.4	0.3	5.7	5.1
2006	7.0	0.4	7.4	6.6
2007	8.8	0.5	9.3	8.3
2008	11.0	0.4	11.4	10.6
2009	9.1	0.4	9.5	8.7
2010	13.5	0.9	14.4	12.6
2011	23.1	1.8	24.9	21.3
2012	27.1	2.2	29.3	24.9
2013	34.1	3.6	37.7	30.5
2014	32.7	4.8	37.5	27.9
2015	37.6	6.7	44.3	30.9
2016	39.3	8.3	47.6	31.0
2017	47.8	10.1	57.9	37.7
2018	60.1	13.8	73.9	46.3
2019年1～11月	72.0	13.3	85.3	58.7

资料来源：根据中国海关统计数据整理。

2. 服务贸易方面，承包工程稳步发展，旅游合作持续升温

2010～2018年，中国企业在柬埔寨完成的营业额由6.5亿美元提高到18亿美元，增长了近2倍（见表2）；截至2018年末，累计签订合同金额达204.2亿美元，累计完成营业额128.1亿美元，在柬各类劳务人

员达到 6593 名。2019 年 1～9 月，中国企业在柬新签工程承包合同额
36.1 亿美元，同比增长 89%；完成营业额 15.8 亿美元，同比增长
44.6%。中国企业在柬实施的承包工程涉及道路交通、电力、房屋等基
础设施领域，对柬埔寨经济建设和发展起到了推动和促进作用。近年
来，中国游客赴柬埔寨旅游数量持续快速增长，中国已经成为柬第一大
旅游客源国，为促进柬旅游支柱产业的发展做出了重要贡献。据柬方统
计，2017 年，中国游客达到 120 万人次，同比增长 46%；2018 年达到
200 万人次，同比增长 66.7%；2019 年上半年为 129 万人次，同比增长
38.7%。每周有 155 个定期航班和 50 个直飞包机航班往来中柬两国。

表 2 中国在柬埔寨承包工程完成营业额情况

单位：亿美元，%

年份	中国在东盟承包工程完成营业额（A）	中国在柬埔寨承包工程完成营业额（B）	B 在 A 中占比
2001	12.7	0.4	3.1
2002	16.4	0.6	3.7
2003	17.6	0.4	2.3
2004	22.3	0.6	2.7
2005	28.6	1.2	4.2
2006	38.8	1.0	2.6
2007	56.1	1.5	2.7
2008	83.8	3.6	4.3
2009	109.2	4.0	3.7
2010	150.3	6.5	4.3
2011	165.8	8.3	5.0
2012	192.9	11.7	6.1
2013	209.7	14.3	6.8
2014	223.8	9.7	4.3
2015	267.0	12.1	4.5
2016	275.8	16.6	6.0
2017	336.1	17.6	5.2
2018	343.8	18.0	5.2

资料来源：根据中国国家统计局数据整理。

3. 中国对柬投资稳步发展，为柬经济发展发挥积极作用

据中国商务部统计，2010 年以来，中国每年对柬直接投资流量一直

在 4 亿～8 亿美元浮动，2018 年为 7.8 亿美元（见表 3）。2019 年 1～5 月，中国对柬非金融类直接投资为 2.5 亿美元，同比增长 24.4%。截至 2019 年 5 月底，中国对柬累计直接投资 63.4 亿美元。中国连续 7 年成为柬第一大投资来源国，投资涉及纺织业、农业、水电站、电网、能源矿产、通信、医药、商贸服务等行业，带动了国内经济发展和大量就业。江苏红豆集团牵头投资的"西哈努克港经济特区"已成功吸引 100 多家国际企业入驻，创造了 2 万多个就业岗位。

表 3　中国对柬埔寨直接投资情况

单位：亿美元，%

年份	中国对东盟直接投资流量 （A）	中国对柬埔寨直接投资流量 （B）	B 在 A 中占比
2003	1.2	0.2	16.7
2004	2.0	0.3	15.0
2005	1.6	0.1	6.3
2006	3.4	0.1	2.9
2007	9.7	0.6	6.2
2008	24.8	2.0	8.1
2009	27.0	2.2	8.1
2010	44.0	4.7	10.7
2011	59.1	5.7	9.6
2012	61.0	5.6	9.2
2013	72.7	5.0	6.9
2014	78.1	4.4	5.6
2015	146.0	4.2	2.9
2016	102.8	6.3	6.1
2017	141.2	7.4	5.2
2018	136.9	7.8	5.7

资料来源：根据历年中国对外直接投资公报数据整理。

4. 多种合作机制叠加助力中柬经贸合作

中柬两国建立了多领域的双边合作机制，涉及政治、经济、旅游、农业、海洋、建设、文化、教育、卫生、体育等多个方面。尤其在援助领域，中企利用各种融资为柬修建了 3000 多公里高级公路，架设了 8

座大型跨河大桥，已建成的水利项目灌溉面积达 45.6 万公顷；中方还积极协助柬方修建了机场、医疗大楼、医院、校舍、乡村公路等民生设施，改善了当地基础设施，造福了当地人民，增进了政治互信，为包括经贸在内的中柬各领域合作营造了良好合作氛围。柬作为"一带一路"倡议的参与方，同时还是中国—东盟自贸区和澜湄合作的重要参与成员，各种合作机制叠加，为深化中柬经贸合作提供了更多助力。

二　中柬经贸合作面临的新机遇

当前，中柬经贸合作面临四个方面的发展机遇。

一是"一带一路"国际合作进入新阶段为中柬提升经贸合作水平创造新机遇。"一带一路"倡议提出以来，中国坚持共商、共建、共享原则，推动"五通"合作，取得了丰硕成果。下一阶段，中国将进一步聚焦重点、精耕细作，努力推进"一带一路"建设迈向高质量发展的新阶段。中国将以"七路"建设为重点，积极构建以新亚欧大陆桥等经济走廊为引领，以中欧班列、陆海新通道等大通道和信息高速路为骨架，以铁路、港口、管网等为依托的互联互通网络，促进贸易投资自由化和便利化，共建数字与创新丝绸之路，深化产业、科技与人文合作，培育新动能、新业态，推动实现区域融合与可持续发展。柬埔寨是"21 世纪海上丝绸之路"建设的重要枢纽，一直积极支持参与"一带一路"国际合作，两国先后签署了《关于编制共同推进"一带一路"建设合作规划纲要的谅解备忘录》和《柬埔寨"四角战略"对接"一带一路"倡议合作谅解备忘录》等合作文件，未来随着两国经济发展战略的深入对接，"一带一路"框架下中柬经贸合作将迎来新的发展机遇。

二是中国扩大进口、推动高水平对外开放为中柬提升经贸合作水平提供新动力。当前，中国正在进一步优化营商环境，放宽市场准入，积极扩大进口，加快服务业开放，拓宽制造业开放广度和深度，促进货物贸易与服务贸易、"引进来"与"走出去"协调发展，推动形成高水平对外开放的新格局。中国领导人已经在多个国际场合，宣布了中国扩大开放、放宽市场准入的重大举措，表达了构建开放型世界经济、促进世界共同发展的良好意愿。中国依托国内广大的市场空间，在货物、服务和投资等领域进一步推动高水平对外开放,将为柬促进货物和服务对华出口,吸引中国资金、技术和投资创造更多机会,为中柬提升经贸合作水平提供新的发展动力。特别是 2019 年中柬签署农业领域的相关合作谅解备忘录以来,中国陆续向柬打开香蕉、大米和杧果等农产品出口的大门,未来柬埔寨农产品对华出口将面临更加广阔的市场空间。

三是区域自由贸易安排深入推进,为中柬经贸合作创造更优制度环境。2002 年建立的中国—东盟自贸区为中柬经贸合作提供了良好的制度安排,中国在自贸区框架下对柬降低关税并给予柬更长的开放过渡期,减轻其国内市场开放压力。2015 年 12 月,中国还单方面给予柬埔寨 97% 的输华产品零关税特惠税率。2019 年 11 月,15 个区域全面经济伙伴关系协定(RCEP)成员就文本和市场准入谈判达成一致,这将为中柬经贸合作创造更加自由开放的区域合作环境。值得关注的是,2019 年 12 月中国柬埔寨自贸协定预可研磋商正式启动,如果中柬自贸区得以建立,其将为双边经贸合作创造更加优良的制度性合作平台。

四是中柬经济增长与优势互补将为双方经贸合作提供广阔空间。当前,贸易保护主义和地缘政治紧张局势的加剧,使世界经济增长速度放缓,国际货币基金组织(IMF)也因此将 2020 年经济增长预测值调整至 2008 年金融危机以来的最低水平,各国经济都将有所放缓,但中国和柬埔寨 2020 年仍有望保持 5.8% 和 6.8% 的较高增长水平,能为两国经贸合作提供较为稳定的国内发展环境。目前,中国自柬进口的商品主要是毛皮、铜和铜合金、大米、服装、鞋类等产品,对柬出口的主要是纺织服装原料、推土机等工程机械和有线电话等电子产品,表现出较强的互补性和产业内贸易的特点。柬处于工业化、现代化和城镇化的关键时期,正在抓紧实施国家发展"四角战略"(第四阶段),加速推动国内产业结构向服务业和工业转型,需要资金、技术支持,而中国拥有经济转型发展和改革开放的成功经验,但国内劳动成本不断上升,面临的贸易壁垒、冲突短期内难以缓解,国内企业也正加快在海外投资布局,两国经济发展稳定、结构互补性强,未来进一步拓展经贸合作领域的空间和潜力巨大。

三　对策建议

2019年4月，两国签署《构建中柬命运共同体行动计划（2019—2023）》，标志着双边关系进入新的发展阶段。适应新时代新阶段，如何进一步推动高水平的中柬经贸合作，为构建中柬命运共同体夯实经济合作基础，将成为重要的课题，对此有以下几点建议。

一是推动中柬贸易投资均衡、可持续和创新发展。在货物贸易方面，在稳步扩大贸易规模、推动实现到2023年双边贸易达到100亿美元目标的同时，也应促进贸易的均衡和可持续发展，因此需要加强中柬贸易投资促进与对接活动，强化中国—东盟博览会、中国国际进口博览会等平台的功能作用，继续扩大自柬水稻、玉米、天然橡胶、木薯、水果、电解铜等优势产品的进口；支持柬参与"陆海新通道"建设，拓展对中国西部地区以及中亚国家出口；同时也需要深化投资合作，以投资带动贸易更加均衡发展。在服务贸易方面，在旅游和承包工程的基础上，应结合中国—东盟自贸协定升级议定书项下服务贸易第三批开放承诺的生效，为各自的企业与居民开展跨境交付、境外消费提供便利，相互放宽对服务行业设立商业存在和自然人移动的限制，进一步推动服务贸易创新发展。在投资合作方面，应加强两国产业园区合作，促进西哈努克港经济特区、中柬金边经济特区等柬国产业园区与江苏、广西、云南等自由贸易试验区和海南自由贸易港互动发展，推动在柬设立中柬文化创意园，探索在广西凭祥、百色等地推进中柬产业合作园，创新园区与产业合作机制，持续完善和优化双方的贸易投资环境，形成互利共赢的产业链、供应链合作关系。

二是共同推动高质量、高水平的"一带一路"合作。中柬两国已经签署了《构建中柬命运共同体行动计划（2019—2023）》和《柬埔寨"四角战略"对接"一带一路"倡议合作谅解备忘录》，同时中国与东盟还在积极推进"一带一路"倡议与《东盟互联互通总体规划2025》对接。以此为契机，中柬应以互联互通、民生和可持续发展为重点，坚持开放、绿色、廉洁的理念，共同打造更多高质量、高水平的"一带一路"合作项目，使"一带一路"建设成果惠及更多群体；适应新一轮科技与产业革命发展趋势，加强中柬在电子商务、大数据、人工智能、云计算、智慧城市建设等新兴领域合作，帮助柬发展数字经济，弥补数字基础设施短板，打造"数字柬埔寨"，培育新产业、新业态、新模式，激发贸易投资合作潜能，共同分享技术进步红利，共同应对新技术革命带来的新挑战。

三是深化自由贸易协定合作，构建区域一体化新格局。全面落实中国—东盟自贸协定升级议定书，加强政策宣传与经验分享，在自贸协定实施领域加强能力建设合作，使更多柬中小企业与广大民众能从中国—东盟自贸协定中获益，为促进柬包容性增长发挥更大作用。加强沟通合作，积极推动 RCEP 签署生效，进一步提振区域贸易投资信心，为两国经济发展提供新动力，推动构建更加开放包容、共同发展的区域一体化格局。加快中柬双边自贸协定可行性研究工作，研究解决双方关切问题，为提升中柬经贸合作水平提供更好的制度性合作框架。

"一带一路"倡议背景下的柬中经济关系

阮辉煌

（Nguyen Huy Hoang）

越南社会科学翰林院东南亚研究所所长

综观东南亚地区，柬埔寨与中国渊源颇深。双边往来的历史可追溯到 13 世纪。1296 年，有中国使节到访吴哥城（Zhou Daguan，2007）。历经冷战时期数十年起伏波动，两国关系在各方面达到新高度，突出体现在近年来两国经济和政治往来中。中国目前是柬埔寨最主要的外资来源国、主要援助国和极为重要的贸易伙伴，这一趋势自2013 年中国提出"一带一路"倡议以来愈加明显。本文旨在研究柬中经济关系在过去 20 年的演变，重点探讨"一带一路"倡议对两国经济关系的影响。

本文除开头和结语部分外，正文分为两个部分。正文第一部分将回顾两国经济关系，之后探讨"一带一路"倡议对两国关系的影响。

一 柬中经济关系回顾

苏联解体后，柬埔寨政府实施了多项经济改革。1999 年和 2004 年先后加入东盟和世贸组织，更是体现了柬埔寨主动融入区域和全球市场的决心。这些重要改革措施有力促进了柬埔寨与外部伙伴，特别是包括中国在内的周边国家的贸易和投资活动。同时，近年来中国在柬埔寨经济发展进程中也发挥了更大的作用。

贸易方面，20 世纪 90 年代的中国尽管在经济伙伴关系中长期保持低调姿态，却在柬埔寨逐渐扩大其影响力，到 2018 年，中国一跃成为柬埔寨第一大贸易伙伴，双边贸易额达 73.9 亿美元（Anith Adilah Othman，2019）。柬埔寨主要向中国出口农产品，包括大米、木薯、腰果、棕榈油半成品和橡胶，主要从中国进口汽车、摩托车、建筑材料、服装原材料、香烟和化肥。值得注意的是，中国是柬埔寨的主要进口国——进口量占柬埔寨总进口量的 40%。对建筑材料、车辆、食品等商品的需求增加，以及进口石油价格上涨和制造业对原材料需求的增加，是柬方加速从中国进口的主要因素。

双边投资关系方面，2013～2017 年，中国还是柬埔寨最大的外国直接投资流入国，总额达 53 亿美元（Hor Kimsay，2018）。仅 2017 年，中国对柬直接投资总额就达 16 亿美元，主要集中在服装纺织、矿业建筑、通信、稻谷加工、橡胶种植与加工、能源等领域。中国长期以来为柬埔寨提供官方发展援助（ODA）。2001～2018 年，柬埔寨以赠款和软贷款形式获得中国提供的政府开发援助资金共计 52.7 亿美元，用于基础设施建设、农业、卫生和教育等主要领域。在柬埔寨，约 70% 的道路和桥梁由中国贷款资助建设。此外，中国还向柬军方提供无偿援助，用于军事训练、方舱建设、卫勤保障、军事工程和交通运输。截至 2017 年底，柬埔寨政府公共外债达 96 亿美元，其中对中国的欠款约占 42%。2019～2021 年，中国承诺向柬埔寨提供约 6 亿美元赠款（Prak Chan Thul，2019）。

从很多方面来说，中国都是柬埔寨最重要的战略和经济伙伴。

二 "一带一路"倡议背景下的柬中经济关系

（一）"一带一路"倡议对柬中两国的战略意义

对中国而言，"一带一路"倡议是中国通过自身机制提升政治和经济影响力以及领导地位的重要举措和"世纪工程"。倡议旨在通过加强基础设施和制度联结，推进中国与亚洲其他国家、非洲国家和欧洲国家之间的区域一体化。在此框架下，"一带一路"倡议初期涵盖 65 个国家、44 亿人口，约占全球 GDP 的 30%。而中国近期经济增长放缓，中国政府的相关政策调整也在该倡议中有所体现。2012 年底，习近平成为中国共产党和国家最高领导人以来，中国政府认识到严重依赖投资、出口和国有企业的经济发展模式的局限性，开始寻找新的途径，让消费和竞争发挥更大作用。在此背景下，由习近平主席提出的"一带一路"倡议应运而生，成为中国解决其面临的根本挑战的重要工具。此外，"一带一路"倡议也被视为中国在习近平复兴中国伟大计划下推动国际秩序建设的政治战略。

对柬埔寨而言，"一带一路"倡议被视为中长期社会经济发展的大好机遇。有人认为，柬埔寨在过去 20 年里取得了相当不错的经济成果，1998～2018 年平均经济增长率约为 8%，贫困率也从 2004 年的 53.2%大幅下降到 2018 年的 10%。然而，多项研究表明，对原材料出口、农业、旅游业和纺织业的依赖导致柬埔寨的经济增长模式已达到极限，无法长期持续。由于缺乏基础设施、熟练劳动力和技术，与其他东盟国家相比，柬埔寨的竞争力也逐渐下降。基础设施、物流能力和海关业务在区域排名中垫底。最重要的原因之一是政府缺乏足够资金和资源用于投资主要的经济增长支撑因素和社会服务。据估计，柬埔寨每年需要约 7 亿美元用于建设道路、桥梁、电网和灌溉系统等基础设施。因此，柬埔寨政府需要利用"一带一路"等区域发展倡议带来的新机遇。这也解释了为何在部分东南亚国家对"一带一路"倡议持谨慎态度的情况下，柬埔寨仍能对该倡议表现出极大支持。

柬埔寨政府视"一带一路"倡议为优先项目之一，热切期待该倡议为柬埔寨社会经济发展提供巨大机遇。事实上，"一带一路"倡议也契合柬埔寨的经济社会发展计划，如"四角战略"和工业发展计划（IDP），尤其在缩小基础设施建设差距、提高柬埔寨经济效率和竞争力方面有望发挥重要作用。

（二）"一带一路"倡议下柬中关系成果

"一带一路"倡议下柬中合作重点围绕基础设施建设、农业、能力建设、经济特区建设、文化旅游、金融、环保七大领域展开。自 2013 年"一带一路"倡议提出以来，两国合作重点是推进基础设施建设。

中柬两国在基础设施建设方面提出了多项建议。其中,中国提出支持柬埔寨在 2040 年前建成总长 2230 公里的高速公路。作为"一带一路"倡议的一部分,连接首都金边和西哈努克市的第一条高速公路已在建设中。中国还参与了位于城外 30 公里处的暹粒新国际机场建设,资助了西哈努克城的集装箱和铁路码头的修复工作。与此同时,柬埔寨提出要在"一带一路"框架下推进包括金边—西哈努克市、金边—波贝—泰国、金边—斯努—越南境内、金边—金边自治港铁路线在内的多个铁路改造和开发项目。其他拟议的基础设施项目包括经济特区陆港建设、沿海省份旅游和货运港口发展。

西哈努克港经济特区项目是"一带一路"框架下中柬合作的标志性项目。特区由中柬企业共同建设,旨在为企业打造理想投资平台。西哈努克港经济特区实现了迅速发展,总规划面积 11.13 平方公里,现已完成 5.28 平方公里的一期建设目标,以纺织服装、箱包皮具、五金机械、木制品为主导产业。二期将新增五金机械、建材、家居、精细化工等产业。作为生态示范工业区,入驻企业预计可达 300 家,产业工人达 10 万名。目前,西哈努克港经济特区通过直接雇用 2 万余名柬埔寨工人,帮助西哈努克城和周边省份女工和其他低技能工人提升能力来实现创收。特区还提出设立职业培训中心,该中心目前正在运营中,为沿海城镇及周边地区工人和学生提供特定技术技能培训。通过创造机会增加间接就业和收入,也能带来额外的收益。

由柬埔寨公共工程和运输部与中交建设集团于 2018 年共同签署的金边—西港高速公路项目是两国基建合作的另一经典案例,耗资 19 亿美元,预计 2023 年初竣工,全长 190.3 公里,宽 24.5 米,双向四车道。按规划,高速路起点为金边市通阔索路,到磅士卑省查巴蒙镇路段与 4 号国道东侧平行,后向西穿过 4 号国道,直达西哈努克城波雷诺区,最终折返回到 4 号国道东侧。在过去,行驶 232 公里要花 6~8 个小时。新高速公路建成后,对于从金边向西哈努克自治港运送货物将发挥重要作用。

此外,在"一带一路"框架下,中国通过投资发电站和配电网,极大地推动了柬埔寨能源行业发展。目前,中国已投资建设 7 座总装机容量达 1328 兆瓦的水电站、3 座总装机容量达 515 兆瓦的燃煤电站和太阳能电站。这些由中方投资的项目占柬埔寨总发电量的 73%。截至目前，柬埔寨全国 83% 的农村，即 11759 个村庄实现了通电；其中超过 236 万户（全国 338 万农户的 70%）由国家电网供电。因此，有人认为，中国对柬埔寨电力部门的投资也确保了工业区和农村地区享受廉价稳定的电力服务。这些发展成果对于国家社会经济发展、人民创业就业、工农业企业发展增收和贡献税收、提升国民收入、吸引更多合作伙伴投资、改善人民生活以及提升学生受教育的便利度都具有重要意义。

上述案例在一定程度上表明，"一带一路"倡议与柬埔寨新提出的经济增长战略（即工业发展计划）高度契合，因此极有可能成为推动双边经济合作达到更高水平的新平台。此外，"一带一路"倡议为两国实施双边项目提供了动力。柬埔寨首相洪森表示："'一带一路'倡议是一项经过深思熟虑的长期举措，旨在促进包括基础设施建设、经济、投资、金融等各领域的互联互通合作与人文交流。它将成为新时期推动全球增长的火车头。我对这一倡议的未来充满信心：它明确阐述了通过金砖国家、丝路基金和亚洲基础设施投资银行（亚投行）等实现合作、规划和融资的战略机制。"2019 年 1 月对北京进行国事访问期间，洪森明确表示柬埔寨愿与中国共同推进"一带一路"建设。

然而，由于担心中方投资会对柬埔寨政治、社会文化和环境产生负面影响，两国关系可能也会受到一定阻碍。

柬埔寨参与共建"一带一路"、推进大型基础设施项目时需要谨慎，从加强管理入手将风险降到最低。从更宏观的角度来说，柬埔寨政府需要明确发展重点，确保柬埔寨能真正实现工业发展计划中的国家发展目标。亚洲愿景研究所所长常·万纳瑞斯（Chheang Vannarith）在《柬埔寨与小国外交》（"Cambodia and the Diplomacy of Small States"）一文中曾写道："柬埔寨的命运由柬埔寨人民自己决定，他们必须共同努力，增进民族团结、推进社会和谐、增强集体领导力和制度建设能力，从而实施独立和具有前瞻性的外交政策。"

三 结语

柬中经济关系在东南亚地区渊源较深。20 世纪 90 年代末以来，双边关系在各领域迅速升温，在经济合作方面表现尤为突出。在贸易、投资和政府开发援助方面，中国目前是柬埔寨最重要的战略和经济伙伴。近期，在"一带一路"倡议下柬中两国深化双边关系，该框架下相关项目将为柬埔寨社会经济发展带来巨大利益。在"一带一路"倡议下，柬中合作可能会带来更高水平的伙伴关系。然而，也需要认真对待中国在柬投资的负面影响。为实现"一带一路"倡议下的共同发展，柬埔寨政府需要考虑所有潜在风险，确保发展项目立足实际，实现柬埔寨"四角战略"中阐明的减贫、可持续发展和包容性增长等目标。包括普通民众、民间团体、学者、社会和政治分析家、本土和国际非政府组织以及媒体在内的利益相关者都应参与到项目中。

参考文献

Zhou Daguan. (2007). *A Record of Cambodia: The Land and Its People.* Chiang Mai: Silkworm Books.

Anith Adilah Othman. (2019, September 26). "Cambodia – China: A Partnership Withstanding the Test of Time". access at: https://www.khmertimeskh.com/50646624/cambodia – china – a – partnership – withstanding – the – test – of – time/.

Hor Kimsay. (2018, March 7). "Investment in Cambodia Nearly Doubles in 2017". access at: https://www.phnompenhpost.com/business/investment – cambodia – nearly – doubles – 2017.

Prak Chan Thul. (2019, January 22). "Cambodian Leader, in Beijing, Says China Pledges Nearly $600 Million in Aid". access at: https://www.reuters.com/article/us – cambodia – china/cambodian – leader – in – beijing – says – china – pledges – nearly – 600 – million – in – aid – idUSKCN1PG0CZ.

Speech at the Belt and Road Forum for International Cooperation in Beijing on May 15, 2017.

"一带一路"倡议背景下的柬中经济合作：互联互通促进共同繁荣与持续增长

皮克·查拉定

（Pich Charadine）

柬埔寨合作与和平研究所

一 "一带一路"倡议概述

2013 年，习近平出访哈萨克斯坦时，提出了"丝绸之路经济带"的战略构想，旨在复兴从中国通过中亚和俄罗斯到达欧洲的古代丝绸之路。几个月后，习主席访问印度尼西亚时，提出要建设"21 世纪海上丝绸之路"，开发连接亚欧大陆的海港。这两个提法后来被合称为"一带一路"倡议。

"一带一路"倡议以政策沟通、设施联通、贸易畅通、资金融通、民心相通五个方面为合作重点，以调动工业生产能力、促进经济相互依存联结和促进区域稳定繁荣三大支柱为重要支撑。"一带一路"倡议重视物流和运输网络，开发利用公路、海港、铁路、管道、机场、跨国电网和光纤线路。

来自不同地区的 126 个国家和 29 个国际组织与中国签署了"一带一路"框架下的合作协议。2013~2018 年，已登记的货物贸易总额超 6 万亿美元，为当地创造 24.4 万多个工作岗位。中国对共建"一带一路"国家的直接投资已突破 90 亿美元。

"一带一路"项目资金主要来自中国在中国进出口银行（CEXIM）、亚洲基础设施投资银行（AIIB）、国家开发银行（CDB）、丝路基金和其他国有商业银行中的存款。截至 2016 年，中国工商银行、中国建设银行、国家开发银行和中国进出口银行共提供融资贷款 4.254 亿美元。对东盟而言，亚投行和丝路基金乐于提供大量资金，补充到亚洲开发银行和世界银行中，用于东盟基础设施建设。

二 "一带一路"倡议与柬埔寨的发展前景

柬埔寨是"一带一路"倡议的重要支持者，也与中国开展密切合作，将开发项目转化为重要成果。自那时起，"一带一路"倡议已成为一个具有里程碑意义的全球重大倡议，能够在世界局部地区保护主义和民粹主义抬头的情况下，将全球化提升到前所未有的一体化水平。

柬埔寨每年基础设施发展的资金需求为 5 亿~6 亿美元，"一带一路"倡议下推进区域联通的大规模投资项目将为柬埔寨带来更广泛的利益。2017 年 5 月，柬埔寨首相洪森出席了在北京举行的"一带一路"国际合作高峰论坛，柬中两国政府签署共同推进"一带一路"建设合作规划纲要，主要围绕七个重点领域：基础设施、农业、能力建设、产业集群、文化旅游、金融和生态环境保护。2019 年 4 月，洪森首相还率团出席了在北京举行的第二届"一带一路"国际合作高峰论坛，其主题是共建"一带一路"、开创美好未来，洪森首相就"推进互联互通，探索增长新源泉"这一主题发表了看法。

根据"一带一路"倡议，中国承诺在三年内向柬埔寨提供 6 亿美元资助。此外，来自中国的外国直接投资大幅增加。迄今为止，两国已经完成或批准了多个基础设施项目，包括：（1）建造横跨湄公河和洞里萨河的 7 座主要桥梁；（2）建造磅湛的成东—哥士马大桥；（3）从金边到西哈努克港总长 190 公里的高速公路，项目资金达 20 亿美元；（4）项目资金达 8.88 亿美元的暹粒新国际机场、项目投资额达 3.5 亿美元位于国公省的七星海国际机场，以及耗资 15 亿美元在干丹省新建占地 2600 公顷的机场；（5）若干个铁路项目，包括翻修现有铁路线路和新建铁路的项目提议。

在能源领域，中国是柬埔寨最大的投资国，水电站投资总额超 75 亿美元，煤电厂投资总额约 40 亿美元。中国企业投资的项目有 9 个，包括 7 个装机总量 1328 兆瓦的水电项目和 2 个装机总量 405 兆瓦的煤电项目。柬埔寨境内已经启用的水坝站点分别是：基里隆Ⅰ期水电站（12 兆瓦）、基里隆Ⅲ期水电站（18 兆瓦）、斯登沃代水电站（120 兆瓦）、甘再水电站（191.1 兆瓦）、鲁塞芝罗河水电站（338 兆瓦）、上达岱水电站（246 兆瓦）和桑河二级水电站（400 兆瓦）。随着水坝数量的增加，柬埔寨电力局局长基奥·拉塔纳克（Keo Rattanak）乐观地表示，水电站将以较低的价格保障柬埔寨稳定的电力供应，为当地提供更多就业机会，提高人们的生活水平。

在农业领域，中国投资了约 30 个农业和农工业项目，其中 21 个已经进入运营阶段。两国承诺加强伙伴关系，促进柬埔寨水稻和精米的出口生产，包括共同制定柬埔寨现代农业发展规划、稻米研究合作、稻米贸易合作并签署柬埔寨对华出口 10 万吨鱼产品和鲜杧果的谅解备忘录。中国也是柬埔寨大米的最大进口国。2017 年，中国已同意接受 20 万吨柬埔寨大米，2018 年增至 30 万吨。

在金融领域，柬埔寨国家银行（NBC）和中国人民银行于 2017 年 9 月在广西地区推出了人民币—瑞尔官方汇率，允许两种货币直接兑换，无须使用美元作为中间货币。2018 年 2 月，柬埔寨和中国广东省展开谈判，计划用人民币代替美元开展贸易。

在旅游业领域，2017 年到柬埔寨旅游的中国游客为 120 万人次，比 2016 年增长 46%。除大量涌入的游客外，中国还投资了五个主要项目，包括分别位于国公省和西哈努克省的 2 个国际度假区和 5 家五星级酒店。

此外，两国就在北京设立柬中文化村达成了合作意向，并将在中国部分省份广泛开设柬埔寨贸易中心，展示和推广柬埔寨文化、旅游和投资相关产品。柬埔寨发展理事会与中国国家发展和改革委员会签署了关于加强产业投资合作的谅解备忘录，推进双方互利互惠和产业合作投资。

柬中两国在"一带一路"倡议下的合作包括经济特区（SEZ）和港口的规划建设。西哈努克港经济特区是柬埔寨最大的经济特区，成立于 2008 年，有望从中方投资中获得可观的收益。截至 2017 年，特区内开设了 108 家工厂，总投资超 30 亿美元，囊括服装纺织、机电零部件制造和轻工制造等行业。其中大部分工厂来自中国，其余来自日本、美国、法国、韩国、越南、泰国和爱尔兰等国家。根据规划，到 2020 年，特区内工厂数可达 300 家。中国还协助柬埔寨升级国际深水海港，即西哈努克自治港。

三 机遇："一带一路"倡议与柬埔寨

柬埔寨希望提高自身的国际声誉，在国际舞台上享有平等权利，在国际体系机制中拥有完整的成员身份。为实现这一宏伟目标，柬埔寨制定并实施了"四角战略"，其基本主题是"增长、就业、公平和效率"。以善治为基石的"四角战略"，在四个优先领域制定了对应战略目标，以推进愿景的顺利实现（见图 1）。

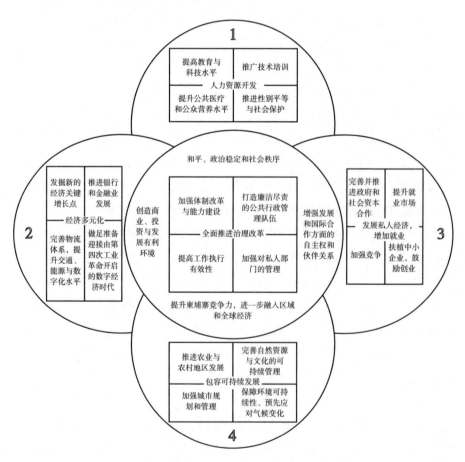

图 1 柬埔寨"四角战略"（第四阶段）示意

"四角战略"的四个战略目标包括：（1）控制通货膨胀、稳定汇率和国际储备，利用竞争机制推进经济基础多元化，实现年增长率为7%的经济可持续增长；（2）为人口比例占优的青年群体创造更多就业机会，支持和吸引国内外投资，提高国家的竞争力和生产能力；（3）完成每年至少1%的减贫目标，加强人力资源开发和自然资源的可持续管理，努力实现柬埔寨千年发展目标；（4）提高各级政府机构行政能力，保证实效和效率。此外，关键优先事项是通过反腐败、推进法律和司法部门、公共行政部门和军队改革，实现社会正义和公平可持续的社会经济发展。

柬埔寨王国政府以两个重大目标为愿景（即到2030年从中等偏下收入国家转变为中等偏上收入国家，到2050年转变为高收入国家），制定了"四角战略"（第四阶段）、《柬埔寨2030年愿景》和"工业发展计划"。据测算，到目前为止，柬埔寨要在2020年之前建成总长850公里的高速公路仍有90亿美元的资金缺口，到2040年建成总长2230公里的高速公路则需要260亿美元的资金投入。

四 工业发展计划（IDP）

"工业发展计划"旨在通过制度规划下的政策和实施框架提升工业发展能力，通过投资关键工业基础设施应对结构性挑战，巩固比较优势的基础。该政策重点提出要建立联通宏观和行业层面的机制，保障对实际需求的及时反馈。政策期为2015～2025年，每五年进行一次升级。

"工业发展计划"包括三个关键目标。其一，到2025年将工业部门占国民生产总值的比重从2013年的24.1%提高到30%，制造业的增长率从2013年的15.5%提升到20%。其二，到2025年，非纺织制造业产品占出口总额的比重达到15%，实现出口多元化。其三，加强对中小企业的管理，预计80%～95%的中小企业完成合规登记，其中50%～70%的企业建立起完善的财务制度，具备明晰的财务账户和财务报表，有助于政府进行评估并提供帮助，包括培训和技术援助。

为推进目标实现，柬埔寨王国政府明确了政策框架的四个重要支柱。

（1）促进制造业发展，扩大出口市场，发展高科技，吸引外国直接投资并支持国内投资；

（2）实现商业登记流程现代化，简化政府机构办事流程，加强国际产业联系；

（3）改善法律框架和投资环境，促进贸易便利化，降低商业交易费用；

（4）指导人力资源开发、土地管理、物流体系、数字互通、水电供应，支持其他公共服务、社会服务和金融服务。

能源基础设施和电力方面投资所取得的社会效益最为显著。同时，通信方面的投入也在促进增长方面收效明显。

填补基础设施缺口需要大量资源。对于有特殊需求的国家，可以利用的众多融资机会包括公共部门、来自发展伙伴和多边开发银行的政府开发援助、私营部门、新提出的区域倡议和基础设施基金以及新型融资工具。然而，上述手段的可行性因行业和国家具体需求而有所区别。

机遇已经来临，将目标变为现实的主动权掌握在柬埔寨自己手中。柬埔寨可以将"一带一路"倡议作为一种替代资源，补足其基础设施落后的短板，让"一带一路"共建项目与其"四角战略"和"工业发展计划"实现更有效的对接。

五　合作面临的挑战

尽管"一带一路"倡议给柬埔寨带来了大量发展机会，但也有人担心这一宏大倡议可能引发副作用。

根据经济财政部 2017 年的数据，柬埔寨双边贷款总额约为 53 亿美元，相当于其国内生产总值的 1/3，其中约有 39 亿美元来自中国。中国因此成为柬埔寨的主要债权人，债款约为日本的 4 倍（约 9 亿美元）。针对这些担忧，有专家认为，将柬埔寨的债务水平与处于同等发展阶段的其他国家相比，柬埔寨无须担心自身的还款能力——国家有能力通过增加收入和提高出口来偿还债务。这位专家在建议增加贷款的同时，还敦促要分散债务来源。

无独有偶，另一位著名学者也对柬埔寨整体债务的可持续性表示乐观。然而，对于"一带一路"倡议，他既认可项目对于促进柬埔寨基础设施发展的积极作用，也对中国投资者在柬埔寨开发的一些项目表示担忧。这位学者补充说，柬埔寨应该使其外国贷款来源多样化，同一源头的贷款不能超过总额的50%。他还引用了一句非洲谚语："如果你的手在另一个人的口袋里，你就必须走他走过的地方。"

六　结语

为了最大限度地从"一带一路"倡议中受益，柬埔寨必须克服其弱点，充分考虑到与该倡议相关的风险。首先，柬埔寨必须有效提升人力资源，助力实现经济增长。其次，必须拓宽贷款来源渠道，避免对单一特定援助者的过度依赖，进而影响外交政策的抉择。最后，在兼顾东盟中立性和与其他大国的关系时，要平衡与中国的关系。柬埔寨由于与中国的亲密关系，招致了许多负面评价。平衡与其他大国的关系能使柬埔寨保持战略定力和中立政策。

另外，中国应更加重视对本国投资和项目的影响力评估和可行性研究，尤其应关注基层参与者。应进一步通过协商对话，优先考虑各利益相关方的参与，将相关风险降至最低，引导中柬关系朝着积极方向发展。

中东经贸合作分析：从价值链的视角

沈铭辉
中国社会科学院亚太与全球战略研究院研究员
李海凤
中国社会科学院大学

一　中国东盟经贸合作的历史回顾

1967 年东盟成立后，中国与东盟五国的经贸关系发展缓慢，随着中美关系缓解、中苏关系恶化等国际政治局势的变化，中国与东盟各国对双方政策做出一系列调整，中国与东盟关系逐渐走向正常化。1991 年中国与东盟建立"对话关系"，标志着中国东盟关系开启了新的篇章。自此以后，中国与东盟各国政治互信不断加强、经贸合作交流日益频繁。尤其在 1997 年亚洲金融危机中，中国坚持人民币不贬值，并通过国际机构和双边援助向陷入危机的东南亚国家提供经济支持，得到东盟国家广泛赞誉，同年 12 月，双方提出建立"面向 21 世纪的睦邻互信伙伴关系"。此后，中国与东盟广泛建立多种交流机制，双边关系进一步加强。2000 年，中国提出与东盟建立自由贸易协定倡议并得到东盟的积极回应。2002 年，中国与东盟签署了《南海各方行为宣言》，展现了双方共同致力于加强睦邻友好关系、和平解决南海争端的诚意。2003 年 10 月，中国加入《东南亚友好合作条约》，双边关系提升为"面向和平与繁荣的战略伙伴"关系，为开展全方位经贸合作奠定牢固基础，双方迎来了"黄金十年"。2010 年 1 月，中国—东盟自由贸易区如期建成，成为仅次于欧盟和北美自由贸易区的全球第三大自由贸易区。

2013 年，国家主席习近平在出访东南亚国家期间，首次提出与东盟携手建设更加紧密的中国—东盟命运共同体、推动缔结中国—东盟国家睦邻友好合作条约、倡议筹建亚洲基础设施投资银行、共同建设"21世纪海上丝绸之路"等，得到东盟国家的积极响应。此后，为进一步加深合作，推进中国与东盟双方贸易自由化和投资便利化，2014 年 9 月，中国—东盟自贸区升级谈判启动，2015 年就升级谈判成果文件即中国—东盟自由贸易区升级议定书内容达成一致。2019 年 10 月 22 日，升级议定书对所有协定成员全面生效。

中国与东盟的经贸联系是双方深化全面关系中极为重要的一环，也是双方相互依赖体现得最明显的领域。紧密的经济关系是中国—东盟关系全面深化发展的基石。自 1991 年中国与东盟建立对话机制之后，双方的经贸关系因中国在亚洲金融危机中发挥的重要作用而得到升华，并因中国—东盟自由贸易协定的签订而得到进一步深化。与此同时，中国和东盟贸易、投资合作水平的不断提高，政府、民间对话机制的不断完善，为"一带一路"倡议下经贸合作的进一步加深提供了有力支撑。

（一）中国东盟双边贸易

截至 2019 年，中国已连续 10 年成为东盟最大的贸易伙伴，东盟连续 7 年成为中国第三大贸易伙伴，且 2019 年上升为中国第二大贸易伙伴。特别是中国—东盟自贸区建成以来，双边贸易额由 2010 年的 2927亿美元上升到 2019 年的 6415 亿美元，10 年之间贸易额增加了约 1 倍。2019 年，中国与东盟进出口增长 14.1%，高于"一带一路"共建国家平均水平（10.8%）。与此同时，随着中国与东盟贸易往来的日益频繁，双方经贸依存程度也进一步加强。中国—东盟双边贸易额在中国、东盟各自对外贸易总额中占比呈稳步上升趋势，在中国对外贸易额中占比从2004 年的 8.1% 上升到 2019 年的 11.5%，在东盟对外贸易额中的占比从 2004 年的 9.9% 上升到 2018 年的 20.9%。

从进口结构来看，2018 年东盟从中国进口商品主要为工业品原材料和半成品，其中电机、电气设备及其零件等（HS85），核反应堆、锅炉、机器、机械器具及其零件（HS84）分别占东盟从中国进口总额的30.0%和16.7%，分别占该年同类产品东盟进口总额的20.5%和26.6%，是东盟从中国进口的主要产品。另外，虽然钢铁（HS72）、钢铁制品（HS73）和针织物及钩编织物（HS60）进口额在东盟从中国进口总额中占比并不大，分别为5.2%、3.4%和1.9%，但其占同类商品东盟进口总额的比重分别为30.3%、40.6%和51.8%，且呈现逐年上升态势，即中国是东盟的棉纺织品和钢铁及其制品的主要进口来源国，且东盟对此类物品进口依赖程度逐年加深。一方面，这主要是由于东盟各国主要以加工组装和部件生产参与全球分工网络，在全球价值链生产进程中承接劳动密集型产业和生产工序；另一方面，中国国内劳动、资源等要素价格的上升也推动了纺织服装等行业的部分在华跨国公司和中国本土企业将原本位于价值链低端的加工装配工厂从中国进一步搬至比较优势明显的东盟国家，在中国留下了相当比重的上游中间产品供给，这便增加了东盟各国对棉纺织品等原材料的进口需求。

从东盟对中国出口前十大商品来看，2018年东盟出口中国最多的商品为加工制造业原材料和中间品，其中电机、电气设备及其零件等（HS85）、矿物燃料（HS27）以及核反应堆、锅炉、机器、机械器具及其零件（HS84）分别占东盟对中国出口总额的27.2%、11.4%和7.6%，分别占东盟同类商品出口总额的14.3%、14.0%和9.9%，与东盟对中国出口额占东盟总出口额比例基本持平（13.9%）。而塑料及其制品（HS39）、有机化学品（HS29）、橡胶及其制品（HS40）、水果和坚果（HS08）以及矿石、矿渣和煤灰（HS26）等商品出口贸易额占东盟对中国总出口额比例极少，但其占东盟同类商品总出口额的20%以上，其中水果和坚果（HS08）以及矿石、矿渣和煤灰（HS26）分别占整个东盟同类产品出口额的39.1%和49.4%。东盟是世界上重要的亚热带、热带水果产区之一，与中国有很好的互补性，水果贸易是农产品贸易的重要组成部分。且由于地理上的优势以及中国—东盟自由贸易区的建成运行，东盟对中国出口的水果和坚果（HS08）占其水果和坚果总出口额的比例从2012年的23.3%上升到2018年的39.1%。

（二）中国东盟双边投资

截至 2018 年底，中国和东盟双向累计投资额达 2057.1 亿美元，双向投资存量 15 年间增长 22 倍，东盟成为中国企业对外投资的重点地区，为促进区域内各国经济增长、带动就业等发挥了积极作用。

中国对东盟投资在 2010 年之后小幅上涨，一段时间内，中国对东盟的外商直接投资（FDI）占东盟 FDI 流入的比例维持在 5% ~ 9% 的水平，以 2018 为例，中国对东盟直接投资为 99.40 亿美元，占东盟全部外资流入的 6.5%，低于东盟内部（15.2%）、欧盟（14.1%）和日本（13.7%）。这一时期中国对东盟的投资主要聚集在制造业、电力燃气蒸汽、空调供应、施工业、批发零售业等，且投资金额逐年增加。其中，2018 年上述行业来自中国的 FDI 分别占该行业全部 FDI 的 3%、22%、41%、18% 和 21%。从行业中看，我国对东盟的 FDI 主要集中在基础设施投资和工业行业投资方面，而对以信息通信、金融保险以及专业科技活动等服务行业投资较少。

同期，东盟对中国 FDI 呈逐年上升的趋势，占中国吸收 FDI 比例从 2013 年的 5.2% 上升到 2018 年的 7.5%。从 FDI 流入国家来看，中国 FDI 流入国主要为新加坡、印度尼西亚和老挝，且印度尼西亚对中国的 FDI 呈现快速增长趋势。

中国—东盟经贸合作是东亚区域经济合作与地区发展的重要支柱。近年来，中国与东盟相互协作，推动建立并积极发挥多种机制在区域经济合作中的作用，在贸易和投资领域都取得了长足的发展。然而，中国与东盟的经贸合作以原材料和中间贸易品为主要贸易内容的特点，意味着一个完整的、相对闭合的中国—东盟区域价值链仍未形成，这将使得中国与东盟的经贸合作受限于全球经济波动的影响，特别是在当今贸易保护主义抬头的大背景下，这一问题更为凸显。

二 中国与柬埔寨经贸合作

在东盟国家中，柬埔寨与中国的友好关系最为历史悠久。一直以来中国全力支持柬埔寨的独立和发展，两国没有直接的利益冲突。2010

年，中柬两国建立全面战略合作伙伴关系，双边关系进入新时期。在地理上柬埔寨位于中南半岛南端核心地带，是东南亚通往全球市场重要通道。根据 2017 年 5 月中国官方发布的《共建"一带一路"：理念、实践与中国的贡献》所描绘五大方向的发展蓝图，柬埔寨恰好处于其中三大方向交汇的核心地带。中国在"一带一路"框架下进一步推动与柬埔寨的合作，既能推动"中国—中南半岛经济走廊"的建设，也为"21 世纪海上丝绸之路"朝印度洋、南太平洋方向延伸提供了重要支撑。中柬两国悠久的友好关系和柬埔寨地理上的独特优势为两国的经贸合作长期发展奠定了良好的基础。

自 1993 年柬埔寨组建新政府、实施自由市场经济体制改革和对外开放以来，中柬双边贸易合作便开启了新阶段。1994 年中柬双边贸易额仅为 4936 万美元。1994～1997 年，双边贸易以年均两位数的速度快速发展，但在 1997 年亚洲金融危机期间有所放缓和下滑。随后，得益于中柬两国政府的积极推动，两国共同克服了经济危机对经贸合作的负面影响。其中，2000～2008 年双边贸易以平均 25% 的增速高速增长。2009 年因国际金融危机双边贸易再次下滑了 16.7%，2010 年双边贸易走出阴霾，实现了 52.65% 的增长率，2011 年双边贸易增长率高达 73.6%，此后便一直维持在 20% 左右。2018 年，双边贸易额达到新高，为 79.3 亿美元。从贸易规模上看，中国与柬埔寨贸易发展迅速，从 2002 年的 2.76 亿美元上升到 2019 年的 94.3 亿美元，增幅超过 30 倍。从增速上看，双边贸易受外部经济环境影响较大，有较大的波动，但基本维持较高水平的增长速度，2012 年以来进出口增速出现稳定增长。

从贸易结构上看，近年来中柬双方贸易产品类别不断丰富，尽管柬埔寨从中国进口的主要贸易产品比较集中，但主要贸易产品进口占比呈逐年下降趋势。根据测算，排名前十的主要进口贸易产品占比从 2009 年的 82.7% 下降到 2018 年的 73.2%，排名前五的主要进口品占比从 2009 年的 77.9% 下降到 2018 年的 60.1%。由图 1 可以看出，柬埔寨从中国进口产品主要为纺织原料和纺织制品（HS60、HS55、HS52）以及加工组装贸易相关原材料其零部件（HS84、HS85）。2009 年至 2018 年，柬埔寨从中国进口产品主要为纺织品和机械设备零部件及半成品。如图

1 所示，排名前五的主要贸易品为针织物及钩编织物（HS60），化学纤维短纤（HS55），核反应堆、锅炉、机器、机械器具及其零件（HS84），棉花（HS52），电机、电气设备及其零件等（HS85）。以 2018 年为例，上述产品在柬自中国进口中的占比分别为 26.2%、12.7%、8.1%、7.8% 和 5.3%。

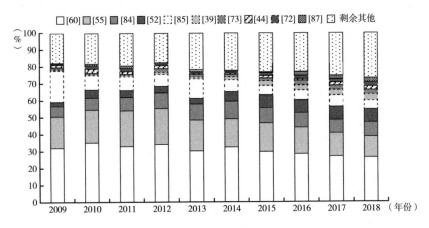

图 1　2009～2018 年柬埔寨从中国进口前十大商品及其占比

注：60，针织物及钩编织物。55，化学纤维短纤。84，核反应堆、锅炉、机器、机械器具及其零件。52，棉花。85：电机、电气设备及其零件；录音机及放声机、电视图像、声音的录制和重放设备及其零件、附件。39，塑料及其制品。73，钢铁制品。44，木及木制品、木炭。72，钢铁。87，车辆及其零件、附件，但铁道及电车道车辆除外。

资料来源：根据东盟秘书处数据计算得到。

　　另外，相较于进口，柬埔寨对中国出口商品结构变动较大。由图 2 可以看出，柬埔寨对中国出口贸易可以分为三个阶段：2004～2007 年、2008～2014 年和 2015～2018 年。2004～2007 年，化学纤维短纤（HS55）、针织或钩编的服装及衣着附件（HS61）和木及木制品、木炭（HS44）是柬埔寨对中国出口的主要产品，三者占柬对中出口总额的 80% 左右，其中化学纤维短纤（HS55）占比高达 50%。到 2008 年，化学纤维短纤（HS55）对中国出口迅速下降，针织或钩编的服装及衣着附件（HS61）和木及木制品、木炭（HS44）出口占比开始上升，其中 2014 年二者占比分别为 22.0% 和 29.1%，另外，这一时期橡胶及其制品（HS40）在柬对中出口中占比上升，在 2013 年占比一度达到

28.8%。2015～2018年，柬对中出口贸易结构保持稳定。相较于前期，毛皮、人造毛皮及其制品（HS43），鞋靴、护腿和类似品及其零件（HS64）和食用蔬菜、根及块茎（HS07）在柬对中贸易出口占比增加，针织或钩编的服装及衣着附件（HS61）出口占比基本保持稳定，而橡胶及其制品（HS40）比重迅速下降，仅在1.5%左右。另外，从2012年起，谷物（HS10）在柬对中出口中占比增加迅速，由2012年的3.3%上升到2018年的14.4%，这主要是由于自2014年起中国政府特批进口柬埔寨10万吨大米配额，且这一配额在2017年、2018年和2019年分别增至20万吨、30万吨和40万吨，目前中国已成为柬最大的大米出口市场。

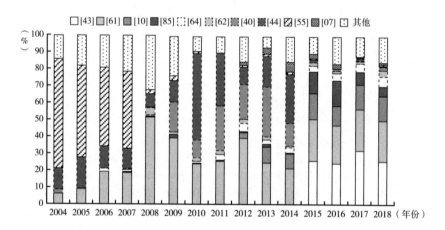

图2　2004～2018年柬埔寨对中国出口前十大商品及其占比

注：43，毛皮、人造毛皮及其制品。61，针织或钩编的服装及衣着附件。10，谷物。85，电机、电气设备及其零件；录音机及放声机、电视图像、声音的录制和重放设备及其零件、附件。64，鞋靴、护腿和类似品及其零件。62，非针织或非钩编的服装及衣着附件。40，橡胶及其制品。44，木及木制品、木炭。55，化学纤维短纤。07，食用蔬菜、根及块茎。

资料来源：根据东盟秘书处数据计算得到。

三　中柬投资规模与投资结构

柬埔寨自然资源丰富，青壮年劳动力充足且劳动力价格低廉，柬埔寨政府发布的"四角战略"以及系列税收优惠政策对外商投资有巨大的吸引作用。与此同时，中国政府鼓励企业积极实施"走出去"发展战略，推动有实力企业开展以"境外加工贸易"为主的对外投资，这与柬政府对外资的需求不谋而合，极大地推动了双方互利互惠合作，目前柬埔寨已成为中国企业开展"境外加工贸易"投资的重点国家之一（见图3）。近些年来，中国提出的"一带一路"倡议在农业、能源、交通等领域与柬埔寨政府的"四角战略"实现了高效对接，使得两国得以发挥互补优势，释放大量潜能。

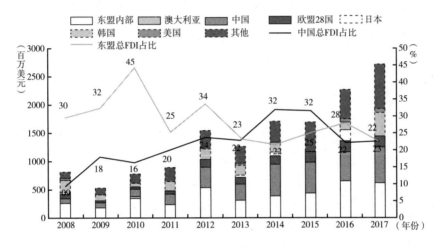

图3　2008～2017年流入柬埔寨的外国直接投资（FDI）

资料来源：根据中国东盟统计及数据平台（http：//bigdata. cn-asean. org/app/list/8）数据计算得到。

从FDI投资来源来看，柬埔寨主要固定资产投资来自中国和东盟内部，对其他投资来源依赖逐渐减少。例如，2010年以来柬埔寨FDI流入有显著增长，除本地投资者（东盟内部）外，在外国投资中，中国投资最为活跃，且投资项目都在工业和基础设施领域。自2011年以来，中国在柬埔寨固定资产投资项目占比越来越大，从2011年的179.7亿美元上升到2017年的618.1亿美元，占比达到22.6%，且在2014年中国对柬埔寨FDI占比首次超过东盟内部对柬埔寨的FDI占比，并持续保持在较高水平。

中国对柬埔寨的直接投资始于1994年，投资领域较单一，主要为柬埔寨的制衣业。随着柬埔寨国内投资环境以及投资政策的改变，中国对其直接投资领域正在不断拓宽。从产业布局来看，中国对柬埔寨投资产业主要集中在水电站、电网、通信、服务业、纺织业、农业、医药、能源等领域。但中国对柬埔寨直接投资因主体差别存在较大的差异，大型国有企业主要投资领域集中在电力、航空和基础设施建设，且投资项目多以 BOT（建设—经营—转让）和 EPC 承包形式（勘察、设计、施工一体化）为主，这些领域的特点是资金投入需要量较大、资本回收期较长、利益回报见效较慢；而中国私营企业的投资领域主要是服装加工业、旅游业、农业等，投资方式以绿地投资为主，这些领域的特点是投资成本低、资本回收期短、利润见效快。

（一）纺织领域

由于国际环境变化以及国内制造业比较优势逐渐丧失，中国纺织业加快"走出去"步伐，往东南亚地区转移。另外，制衣业是柬埔寨工业的两大支柱之一，柬埔寨充分利用普惠制待遇（GSP）等优惠政策，凭借劳工成本低廉的优势，积极吸引外资进入本国制衣和制鞋业。据柬埔寨发展理事会统计，从 1994 年至 2010 年，中国企业在柬埔寨直接投资总共批准 357 家，其中有 204 家属于制衣行业。2012 年，中国以 1.21 亿美元的投资额一跃成为柬埔寨纺织业的最大投资者。目前来看，在中国对柬埔寨的直接投资行业中，制衣行业依然是投资重点行业。根据柬埔寨劳工部统计，2017 年柬共有 1154 家纺织、服装、制鞋厂，中资企业（含港、澳、台）在柬埔寨所有纺织企业中占比超过 70%，产品占全部出口的 52.5%，直接创造了近 50 万个就业岗位。

（二）水电领域

2006 年，中国水利水电建设集团与柬埔寨签约决定以 BOT 方式承建柬埔寨甘再水电站，工程总标价为 2.8 亿美元，商业运行期 40 年，这是当时柬埔寨规模最大的外国投资，超过之前所有年份投资总额的 60%，标志着中国国有资本开始大规模进入柬埔寨水电业领域。截至 2016 年，柬埔寨所有的大型水电站项目，均为中国企业投资建设，其中已建成项目6个、在建1个，总装机132.72万千瓦，总投资约27.19亿美元。

（三）基础设施领域

基础设施建设是柬埔寨政府一直大力推进国家发展"四角战略"计划中的重点发展领域。在柬埔寨基础建设中，中国企业作为重要的参与者，较大地改善了柬埔寨的基础设施。柬埔寨国内65%的公路是由中国援建的。2017年10月，中国承诺向柬埔寨提供近20亿美元的基础设施投资和援助。援建的项目包括路桥、机场、水力发电站等。

四 中柬经贸合作面临的挑战

近年来，中国与柬埔寨的经贸合作不断扩大，目前中国已成为柬埔寨第一大外资来源国和第一大贸易伙伴，也是柬埔寨最大的旅游客源国。在两国经贸投资往来日益密切的同时，仍存在一些挑战。

一方面，双边经贸合作水平仍较低。在贸易规模上，中柬贸易总量有限，且长期双边贸易不平衡不利于可持续发展。虽然近年来中柬双边贸易迅速发展，但相对于中国进出口总额来说，中国—柬埔寨双边贸易占中国对外贸易总量比重较小，且中国长期处于贸易顺差地位。柬埔寨对华贸易逆差由2001年的1.71亿美元上升到2019年的64.79亿美元，长期的贸易逆差可能会对柬埔寨国际收支平衡有一定影响，更重要的是不利于中柬贸易的平衡和长远发展。在贸易结构上，中柬贸易结构单一，层次较低，主要为初级产品和原材料性质商品。从价值链分工角度来看，柬埔寨工业基础薄弱，产品种类单一。从进口看，多年来柬埔寨从中国进口产品主要为服装制品原材料及半成品和加工组装贸易相关原材料及零部件；从出口看，虽然近十年柬埔寨出口贸易品种有较大变动，但主要出口商品占比依旧很高，其中排名前十的产品贸易额占比高达80%。高度集中化的产品结构表明柬埔寨过于依赖单一产业，双方对外贸易合作尚需进一步深化。

另一方面，投资结构单一，技术层次有限。中国对柬埔寨投资主要集中在纺织业等劳动密集型产业，重点投资领域范围狭窄。尽管柬埔寨政府积极招商引资，但是柬埔寨引资能力不足。柬埔寨仍然是发展中国家，国内基础设施落后，市场不完善，法律缺失，且运输成本较高。近年来，柬埔寨加大对外开放力度，为外资创造了良好的投资环境，吸引大量东亚和东南亚国家的投资，经济得到了一定的发展。但与其他东盟国家相比，柬埔寨医疗、交通、工业生产等基础设施建设依旧比较薄弱。柬埔寨国家发展起步较晚，相关制度的建设均处于起步阶段，缺乏完善的法规落实与执行力，政策的稳定性和执政能力均有待提高。例如土地产权问题、外商投资审批手续和劳工问题等都增加了投资者成本，削弱了其对包括中国在内的外国投资者的吸引力。

五　几点对策建议

中国柬埔寨经贸合作取得成就难能可贵，在当前世界经济面临贸易保护主义和去全球化的严重挑战之际，进一步夯实产业合作基础、深化双边经贸合作，将有助于提升中国东盟合作水平，更好地服务地区经济发展，特别是克服贸易保护主义引发的挑战。

第一，进一步发挥既有区域经贸合作机制的作用。首先，应牢牢把握中国—东盟自由贸易区升级版带来的双边经贸发展机遇，优化贸易投资安排，推动企业积极利用此次升级谈判成果。其次，柬埔寨应抓住"一带一路"建设的良好机遇，充分发挥政府在贸易和投资方面的引领作用，实现柬埔寨的"四角战略"与中国提出的"一带一路"倡议的良好对接，与中国产业形成优势互补，加强与中国在农林产业、纺织品产业、光伏产业和基础设施等领域的合作。在完善基础设施的同时，培育优势产业，承接中国的产业转移，实现互惠共赢。最后，推动两国延续近年来在澜湄合作、RCEP、WTO等区域和多边框架下的良好合作，进一步加强沟通。

第二，推动强化双边经贸合作机制。2010年中柬两国建立全面战略合作伙伴关系以来，中柬双方经贸合作交流日益密切。2020年1月20～21日，中国柬埔寨自贸协定第一轮谈判在北京举行，中柬双方在坚持互利共赢的原则下平等磋商，夯实合作基础，用合作应对全球贸易体系新一轮重构挑战，加强货物贸易和贸易新规则制定等经贸谈判，推动高质量和高水平的经贸合作。

第三，加大对中小企业的支持力度。在中国对柬埔寨直接投资的企业中，中小企业数量较多，且有巨大的发展潜力。但是长期以来，受制于中小企业自身能力，中小企业在获得政策、资金支持和利用自由贸易协定等方面都存在短板。政府应适当加强对中小企业的对外经济政策支持和融资扶持，帮助中小企业更好地利用政策红利，进一步融入柬埔寨和其他东盟国家经济，以释放其经济活力，促进中国中小企业的转型和产业升级。

柬埔寨的包容性发展和中国直接投资*

常·索帕尔

（Chan Sophal）

柬埔寨政策研究中心主任

　　有人认为，通过补充国内储蓄、技术转让、增加竞争、降低价格和提倡企业家精神，外国直接投资（FDI）可以促进经济增长。但同时，外国直接投资也有可能带来不利影响，譬如排挤本地公司、不利于多元共存、使用不恰当的技术等。然而，技术溢出并不总是能够带来明显的预期益处。此外，对最不发达国家的外国直接投资往往没有充分设置安全标准，对东道国的环境造成污染，还衍生了"血汗工厂"。因此，我们有必要呼吁制定更有针对性的政策和法规，以确保外国直接投资利大于弊，从而为东道国和投资者创造双赢的模式。

　　虽然中国直接投资没有给前向和后向关联的其他产业创造强大的乘数效应，但它为柬埔寨创造了惊人的就业效应。此外，根据对 308 家本地公司的调查，在设备和技术的所有组成部分、管理、技能发展和市场营销方面，中国直接投资带来的竞争效应（追赶效应）对本地公司似乎都是积极的。

　　只有 13% 的受访公司向中国公司出售产品或服务，而从中国公司采

＊　本研究是在加拿大政府通过国际发展研究中心（IDRC）为"大湄公河次区域的包容性发展和来自中国的外国直接投资"研究提供的资金支持下开展的。这是一个由中国、老挝、柬埔寨三国研究团队共同实施、由昆明理工大学（KUST）协调的合作项目。

购的本地公司则高达 25%。此外，样本中 22% 的本地公司感受到中国公司带来的竞争压力。然而，这种竞争压力促使它们更加努力地提高在机器/设备、生产技术/过程、技能、管理办法和营销战略方面的能力。总的来说，横向联系产生了积极的影响。

一 引言

20 世纪 90 年代初，柬埔寨实行自由市场经济的自由投资政策后，外国公司迅速涌入。柬埔寨 1994 年通过的首部投资法及 2007 年的投资法修正案吸引了来自不同国家的许多投资。政府通过该法案，旨在对外国公司的某些进口原材料进行免税、免除出口关税、提供免税期、提供长期土地租赁优惠等，来鼓励更多的外国直接投资。在排名前几位的对柬投资来源地中，中国现居首位，其后是韩国、马来西亚、美国、泰国、俄罗斯和新加坡。柬埔寨大多数纺织厂和服装厂为中国人所有。在 2005 年中国纺织品配额制度取消后，一些中国公司认为它们能够向欧盟和美国市场大量出口纺织品。然而，欧盟和美国仍对进口自中国的纺织品实施各种限制。出于这一因素，许多中国公司不得不在东南亚设立工厂和中转市场，以规避这些限制，正因为如此，再加上柬埔寨拥有极具吸引力的投资法和廉价劳动力，该国成为中国投资纺织服装行业的首选。

除了在纺织和服装方面的投资，中国还斥巨资投资了 7 个水电项目，这是柬埔寨在该领域唯一的资金来源。中方表示有兴趣对柬埔寨铁路基础设施项目提供融资。中国还在自然资源领域，即矿业和农用工业进行大量直接投资。柬埔寨未来几年的石油和天然气预期产量或引发来自中国和其他国家的新一轮投资兴趣。中国投资项目为柬埔寨经济增长和就业做出了重要贡献，中国在纺织业的直接投资促进了柬埔寨的出口，为农村地区妇女创造了数千个工作岗位；而在能源领域的投资，尤其是在水电开发方面，帮助缓解了柬埔寨长期以来的能源短缺问题。然而，它对柬埔寨的产业联系、技术转让和社会经济发展的实际影响则较少为人所知。过去几年大幅增加的中国投资仍主要涉及低科技含量、劳动密集型和土地密集型产品的生产。这些投资通过影响柬埔寨的资本积累、产业结构优化、劳动力市场和国内公司，直接或间接地对柬埔寨产生了影响。本文试图回答这些重要问题，并根据 2019 年对 308 家可能与中国公司有关联的本地公司的调查，找出这些投资对本地公司的影响。

二　调查方法

为了解中国直接投资对柬埔寨本地公司的影响，我们在 2015 年上半年完成了一项公司调查。然而，设定抽样框架成为一个难题，因为中国的直接投资与本地公司之间鲜有互动或联系，而根据 2011 年的经济普查报告，柬埔寨有接近 50 万家公司。由于调查资源有限，以及访问本地公司难度较大，没有办法实现随机抽样。

本研究尤其针对首都和一些省份的本地公司，对 308 家位于中国直接投资公司附近的本地公司进行调研。严格地说，这一调研无法推断出能够代表全部柬埔寨本地公司的结果。但我们所选的 308 家本地公司，位于柬中资公司附近，其数量足以解决关于中国公司对本地公司影响的研究问题。

本调查以对这些公司的面对面采访为基础。受访者多为公司经理，或对所研究问题有足够了解的人士。政策研究中心（前身为柬埔寨经济协会的一部分）的一个由三名关键人员组成的小组负责管理，进行调查和得出结果。

数据的录入使用 Excel 程序，可以转换为 STATA 和 SPSS。数据分析首先采取统计学的基本方法，然后再建立相应的回归模型。受样本代表性和困难所限，本报告目前仅有描述性统计数据。

调查结束后，在 2015 年末和 2016 年初，我们对中国直接投资存在较多的行业进行了深度的采访，以评估中国直接投资带来的深刻影响和综合效应。这些所选案例能够说明后向关联、前向关联及本地公司所受到的竞争压力。我们曾努力在农业和矿业方面进行案例研究，但由于投资性质的敏感，这些研究没有成功。

三　样本特征

对受调查公司可以按照主要经济活动进行分组。数量最多的两组是

"酒店和餐厅"及"食品和饮品"公司，各占受调查公司总数的 1/5。
"建筑"公司占 8% ，"健康""家具""批发和零售"公司则分别占了
7% 、5% 、4% 。"运输"和"服装"公司各占 3% ，"金属"公司仅占
2% 。请注意，受调查公司多种多样，"其他"类别占了受调查公司总数
的 28% 。

如图 1 所示，在经济活动方面同中国公司竞争的本地公司年人均销
售额中，"金属"、"机械"、"酒店和餐厅"、"汽车"以及"批发和零
售"是年人均销售额最高的五组公司，分别为 11 万美元、8.4 万美元、
6.6 万美元、6 万美元和 4.6 万美元。请注意，由于劳动密集型的特点，
"服装"公司的人均年销售额是最低的。

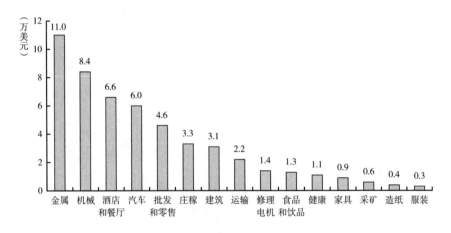

图1　人均年销售额（有中国竞争压力的本地公司）

资料来源：2015 年 1 ~ 5 月对 308 家本地公司的调查。

我们要求本地公司比较它们同其他竞争者所处的位置，以理解它
们对市场竞争力的看法。我们选取一组受到和没有受到中国竞争压力
的公司进行了比较，这些比较基于公司特征的六个方面：机器和设
备、技术、市场营销、管理、员工技能和地理位置；通过与其他公司
对比，分析参与调研的公司是处于"有利"、"不利"还是"相似"
的位置。

在所有方面，那些感受到中国竞争压力的公司比那些没有感受到

中国竞争压力的公司更为自信，认为自己比竞争对手更有"优势"。这点可以通过面临中国竞争时公司回答"有优势"的比例更大而反映出来。相比之下，没有中国竞争的本土公司往往认为自己的竞争力与其他公司有些相似。在机器和技术方面，有中国竞争压力的公司认为它们比竞争对手更有优势，而在市场营销、管理和员工技能方面的竞争力相似。

有趣的是，约2/3与中国竞争的公司相信，它们的地理位置比竞争对手更好。如上所述，这些公司可能是资本密集型的，这可能会影响它们对好地段的选择和经济承受能力。

四　本地公司和中国公司之间的联系

本研究的一个主要目的是找出本地公司与中国直接投资公司之间的联系。这种关系的形式是后向关联和前向关联及竞争压力。我们也在调查之中确定了溢出效应，这将在后文中呈现。

（一）本地公司向中国供应商采购原材料

受调查的本地公司被问及是否从中国供应商及其他外国公司那里购买投入和培训。就每一类投入而言，同世界其他地区供应商相比，中国供应商在原材料、零部件、机器和设备的供应方面占据较大份额。约25%的本地公司称它们有时、经常或一直从中国供应商那里购买原材料、零部件、机器和设备。这点在后向关联方面极为明显。需注意，这里说的中国供应商包括出售中国制造产品的贸易商。

在本地公司不从中方购买投入的案例中，其原因总结于图2。约70%的受访者表示，它们的供应链中无法找到中国公司，或者根本没有中国公司。只有约11%受访者的理由为中国公司的供应质量不佳。这是因为大部分在柬投资的中国公司寻求的是向外国市场出口产品，而不是向该国市场的其他公司供应产品。此外，中国和本地公司大量使用从中国和柬埔寨邻国（如泰国和越南）进口的原材料和其他设备。

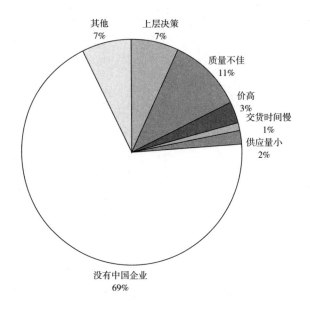

图 2　不从中国公司购买投入的原因

资料来源：2015 年 1~5 月对 308 家本地公司的调查。

（二）向中国公司供货的本地公司

就前向关联而言，本地公司较少向中国公司提供货物或服务。在调查中，只有 13% 的公司表示这么做了（见图 3）。这似乎与上文讨论的宏观层面相契合。然而，高达 39% 的本地公司称，它们向中方个人供应产品，其中包括向在柬中国居民供应食品和服务的小公司。

买家可能会需要或要求本地公司拥有更好的产品质量，从而促使这些公司不断改善产品。在此情况下，只有 8% 的本地公司称，中国客户要求在生产、技术和人力资本升级方面进行特别和额外的投资。考虑到只有 13% 的本地公司获得了中国公司的采购，这些拥有中国客户的本地公司当中，有相当一部分面临产品升级的压力。

贵公司向中国公司出售过产品或服务吗?

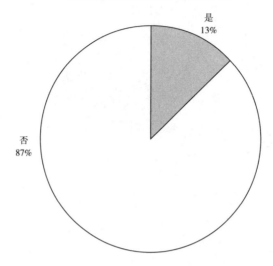

贵公司向中方个人出售过产品或服务吗?

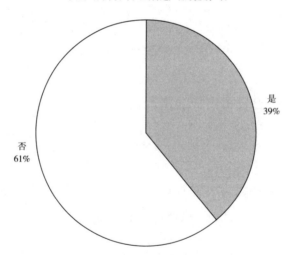

图3 同中国买家的前向关联

资料来源：2015 年 1~5 月对 308 家本地公司的调查。

(三) 本地公司感受到来自中国公司的竞争压力

对那些不从中国公司采购原料或向中国公司出售产品的本地公司来

说，它们仍可能受中国公司在该国的影响。总体而言，308 家本地公司中有22%（67 家）表示它们感受到来自中国公司的竞争压力。

竞争不仅存在于销售产品方面，也存在于购买投入方面，其中包括雇用熟练和非熟练劳动力。11%的受调查本地公司称，它们在劳动力市场上面临着来自中国公司的竞争。当被问及是否雇用来自中国公司的员工时，本地雇主的此类报告并不多。

竞争压力并非坏事。事实证明，它推动本地公司超越中国公司，或进一步提高，以赶上中国公司。有高达14%的公司（这意味着它们中的大多数感受到了竞争压力），已经改变了生产技术和流程，以便能够在同一行业中同中国公司竞争。

五 溢出效应

溢出效应是一国内本地公司与外国公司相互作用或竞争时所产生的主要现象之一。这对本地公司十分有益。调查发现，308 家公司中只有10%（32 家）直接采用了中国竞争对手的生产技术和流程（见表1）。几乎所有这些公司认为中国公司试图阻止这种技术转移发生，该情况可以理解。我们曾努力探索本地公司是否显著受益于来自中国公司先前培训过的人力资源。然而，此类报告极少。

表 1　从中国到本地公司的溢出效应

	是	否
贵公司是否曾直接采用中国竞争对手的生产技术/流程?	10%	90%
若是,你是否认为中国公司试图阻止这种技术转移发生?	94%	6%

资料来源：2015 年 1 ~ 5 月对 308 家本地公司的调查。

我们有必要对 67 家感受到中国公司竞争压力的公司进行深入调查。其中43%同意或完全同意此种竞争压力迫使它们改进设备、提高加工技术水平或进行产品创新。这说明向上竞争有着显著的积极影响。此外，67 家公司中的24%采取措施改善管理（人事、财务等）和提高员工的技能，而39%不得不改善它们的营销策略（定价、产品类别、营销渠道、促销等），以赶上中国公司（见表2）。

表2　来自竞争压力的溢出效应

在 67 家感受到竞争压力的公司之中	同意或完全同意
改进设备、提高加工技术水平或进行产品创新	43%
改善管理（人事、财务等）	24%
员工技能发展	24%
营销策略（定价、产品类别、营销渠道、促销等）	39%

资料来源：2015 年 1～5 月对 308 家本地公司的调查。

六　政策影响及结论

约 25% 的本地公司称，它们有时、经常或一直从中国供应商（包括销售中国制造产品的贸易商）那里购买原材料、零部件、机器和设备。就中国供应原材料和技术的后向关联而言，这点十分显著。然而，在前向关联方面，向中国公司出售产品和服务的本地公司数量很少。据说这些中国公司买家中的多数要求公司提供更好的产品，因此带动了本地公司的业务改进。柬埔寨政府应该制定政策，促进本地公司与中国公司的前向关联。这需要政府在每个行业中为本地公司提供有利因素，以确保它们取得成功。

我们建议中国公司更多地对向本地公司进行技术转让持开放态度。然而，或许需要柬埔寨《投资法》中出台激励措施，来促使中国公司这么做。重要的是我们要保持一个竞争的环境，促进技术转让，增加本地公司提高自己的机会。

比较视野下柬日金边经济特区与柬埔寨西哈努克港经济特区发展的优势与不足

赵姝岚

云南省社会科学院研究员

　　境外园区是"一带一路"倡议下推进企业"走出去"的重要平台，为增强中国企业国际竞争力发挥了重要作用。近年来针对境外园区发展的研究数量较多，现有研究似乎并未能跟上园区发展的步伐，未能把准境外园区发展中面临的主要挑战。本文拟运用波特"钻石模型"，比较分析柬日金边经济特区与柬埔寨西哈努克港经济特区各自发展的优势与不足，尝试讨论境外园区发展所具备的优势与不足。

　　20 世纪 90 年代，美国哈佛大学的迈克尔·波特（Michael E. Porter）提出一种理解国家或地区全球竞争地位的全新方法——"钻石模型"（Diamond Framework），发展了传统比较优势理论，实现了从比较优势到竞争优势的飞跃，在理论和实践上都产生了重大影响。波特认为，一个产业要在国际上获得竞争优势，要具备四项基本要素：生产要素、需求条件、相关产业和支持产业以及企业战略、竞争结构与同业竞争。此外，政府行为和机会对产业竞争优势也影响巨大。以上要素之间相互强化，形成影响产业竞争力的"钻石模型"。目前学界大部分仅运用这个理论分析企业或者产业发展的优势。当我们运用这个模型分析境外园区发展的优势与不足时，会有不同的新发现。

一 波特"钻石模型"与日本园区的发展模式

日本与柬埔寨合资的金边经济特区，其发展成功有几个显著的因素，主要体现在以下几个方面。

（一）牵头企业具备较强国际竞争力

这包括两个层面。一方面，园区牵头企业本身具备较强实力和一定的国际竞争力。入驻园区的日本企业已经有 50 家，日本企业包括丰田、佐藤工业、日本运通等。入驻日企投资额为 2.4 亿美元。

另一方面，与当地实力较强的企业和群体合作。柬埔寨—日本金边经济特区是由日本企业与柬埔寨 LHC 投资集团等当地企业合作管理。柬埔寨 LCH 投资集团，由柬埔寨知名女企业家林秋好创立，在当地属于成功的企业，给园区发展带来诸多便利。其一，在土地购买与租赁方面，采用当地政府更容易接受的方式进行沟通，也更容易依照当地法规获得土地产权或者租赁权。其二，有本土实力企业的协助，与对象国各个部门沟通更加畅通，顺利获得了柬埔寨政府和园区所在地方政府的最佳投资政策。其三，合作伙伴能够为进入园区的其他投资者提供政策指导、当地投资风向以及企业注册等投资落地的服务。

值得关注的还有一点，就是柬日合资金边经济特区对入驻企业提出了自己的高标准，来规范入驻企业的发展。如金边经济特区，无论是对环保标准还是企业运营标准，都做了明确的要求，以此推进园区的可持续发展。要求和标准体现在以下两个方面。一是正确申报纳税。从园区建设开始，就让普华永道公司向金边经济特区派遣顾问，帮助特区的财务工作人员准备纳税报表。二是要求入园企业通过国际标准化组织（ISO）的质量管理体系认证（ISO9001）和环境管理体系认证（ISO14001）。这些认证的获得是对公司本身价值的肯定。如果园区持有ISO 国际标准认证证书，园区更容易获得外部公司的信任。当时，园区预计能在 2010 年将这两项认证收入囊中。

（二）园区建设中当地所具备的生产要素与不足

生产要素包括人力资源、天然资源、知识资源、资本资源和基础设施。柬埔寨—日本金边经济特区，较好地运用了当地丰富的天然资源、人力资源和基础设施。

园区的地理位置较占优势。建立于 2006 年的金边经济特区，位于金边市郊，距金边国际机场约 8 公里，并连接到 4 号国道。金边经济特区总面积逾 350 公顷，分 3 期发展。最后一期工程涉及面积约 58 公顷，正在规划阶段，主要是工厂用地，2018 年已经建设了主要的基础设施。

金边经济特区可以使用柬埔寨较为低廉的劳动力。劳动力相对低廉，让大量制造业企业迁至柬埔寨，这也是柬埔寨最大的优势之一。

同时园区发展时缺乏的生产要素是技术性人才与产业发展的资本。这些是园区发展过程中急需的，也是园区建设中面临的问题。

园区通过上市融资解决了资本不足的问题。一是积极吸引外资。截至 2016 年 11 月，金边经济特区共吸引 4.7 亿美元的外商直接投资。二是园区上市公开募集资金，谋求获得充分的资金来源。柬埔寨最大工业园区——金边经济特区 2016 年 5 月 30 日正式挂牌上市，成为第四家上市企业。金边经济特区以 PPSP 名字注册上市，向公众发售 1157 万股，每股股价为 2860 瑞尔（约 0.71 美元）。开市价微涨至 2980 瑞尔，闭市时报为 2890 瑞尔。

在应对技术人才不足方面，园区内企业对入职员工都进行了上岗培训。同时，园区还与当地职业技术学院和高校合作，培养相关技术人才，满足园区生产所需。

（三）园区建设所具备的需求条件

需求条件对应到经济特区发展中就是，园区聚焦的产业是否与东道国的需求相吻合。园区内主要吸引劳动密集型轻工业，如服装、鞋类、食品加工及农产品、机电产品及其他消费品（如制药、包装）。少数公司从事辅助产业，包括纸箱、塑料包装和绳线等。这个产业发展定位与柬埔寨的发展诉求相吻合。2015 年 8 月，柬埔寨洪森首相提出的《2015—2025 工业发展计划》，明确了工业的发展目标是推动柬埔寨工业结构在 2025 年实现由劳动密集型转向技术驱动型。具体目标是：到 2025 年，工业产值占 GDP 比重提高至 30%，其中制造业提高到 20%；

非纺织品类的出口占出口总额比重达到 15%，农产品出口达到 12%。为实现上述目标，政府实施四大战略：①吸引国外企业和国内的私营资本投资大型工业项目；②鼓励中小企业向现代化发展；③改善监管环境，增强竞争力；④加强基础设施建设，比如电力、供水、通信、交通、物流等。

（四）相关产业和支持产业的表现

以基础设施和其他配套设施而言，金边经济特区属柬埔寨最发达的经济特区之一。相关产业是否完善在园区建设中体现为以下几方面：园区能否形成主打产业相关的基础条件和上下游产业，是否按照国际惯例和当地需求完成了整个项目的社会影响评价和环境评价，本地化程度是否足够高，是否具有国际竞争力。

一是柬埔寨—日本金边经济特区能够向企业投资商提供完善的基础设施——电力、水力、通信和物流服务。这些都是工厂顺利运作所必备的硬件设施。为了吸引更多新企业，该园区把建设完善的基础设施当作一项投资。例如，建设有自己的污水处理厂。园区内所有的工厂共享水源，生产过程中产生的污水统一处理。工厂向污水系统排放污水，然后污水会通过污水系统流向污水处理厂，最后污水经过处理排入河流。在柬埔寨，只有两个经济特区建设有污水处理厂——金边经济特区和西哈努克市的日资经济特区。

二是外国制造商经常把电力的不稳定和价格高视为赴柬投资的主要障碍。柬埔寨—日本金边经济特区向企业提供较为稳定的电力资源。柬埔寨电力公司（Electricite du Cambodge，EdC）的供电能力已经提升了很多，电力供应持续增长。而在三四年前，柬埔寨电力公司经常会打电话通知园区电力短缺的情况。那时候，园区配备有自己的发电机，当柬埔寨电力公司告知由于用电高峰期到来电力供应不足的时候，园区就会用自己的发电机发电。过去，发电机曾被频繁地使用，随着电力供应能力的提高，现在完全没有必要再使用发电机，这为生产节约了大笔的燃料费用。对于投资而言，电力价格是一个很大的挑战。园区通过引入可再生能源，例如生物质能和太阳能，来降低电力成本。

三是柬埔寨政府在经济特区内提供"一站式"服务。由柬埔寨发展局、商务部、海关、进出口检验、反欺诈局、劳工部等相关政府部门和省政府的代表，现场提供公司注册及投资许可证、出口/进口许可证、工作许可证等所需的文件处理服务。这些服务有助于投资者节省走访金边多个政府机构的时间，缩短申请流程。

四是园区内日本企业能够与日本布局在泰国等中南半岛国家的相关企业形成互动。柬日金边经济特区的发展依托的并不仅仅是柬埔寨现有的产业基础，而且已经开始与泰国、越南的日本企业或者合资企业形成联动。这其实是柬日金边经济特区发展迅速的根本所在。

（五）园区建设得到政府支持和推动

柬日金边经济特区的建设得到了柬埔寨政府的大力支持与推动。体现在以下几个方面。

其一，在机构设施上给予了极大的支持。一是2005年成立了柬埔寨发展理事会，理事会主席由洪森首相担任，理事会在2005年发布了国家关于设立经济特区的政府令。二是在园区内成立了柬埔寨经济特区委员会。三是经济特区管理办公室与柬埔寨政府共同建立了园区内的三个一站式服务中心。此外还成立了经济特区故障排除委员会，并由洪森首相任主席。这个机构的功能是在经济特区内发生重大问题时，由洪森首相亲自参与解决。

金边经济特区管理办公室从2008年9月开始运营，柬埔寨政府派遣柬埔寨发展理事会、海关、商务部和劳动与职业培训部工作人员同时进驻园区，为园区企业提供一站式服务，服务内容包括完成投资申请、获得进出口许可证、完成报关手续、签发原产地证书、申请工作许可证并协调解决当地劳资问题。

其二，在投资当中给予投资优惠政策。一是对合格投资项目（QIP）企业提供税收优惠政策，包括免建筑材料和生产机器的进口税，免户口型企业的原材料进口税和产品出口税，免利润税。二是对进驻园区的QIP企业提供税收优惠政策，包括对出口型企业和面向国内市场的企业免去建材、生产设备、生产材料的进出口税和增值税。

其三，其他优惠政策，除土地所有权外，对外国资本无差别对待；对外国人和外国企业保障其 50 年的土地租赁权利（可转让）；对货币兑换和境外汇款无限制。

（六）机遇

目前柬埔寨拥有良好的发展机遇。

1. 市场空白，充满商机

柬埔寨作为新兴市场，充满商机，很多行业刚刚起步（甚至还没起步），如电子商务、IT 等行业，基本处于空白阶段。正因为市场空白，所以也不难想象，未来几年柬埔寨可能会掀起一股互联网创业浪潮。

2. 市场开放，经济自由度高

经济自由度高，柬埔寨大部分行业对外国投资者开放。另外，柬埔寨无货币兑换管制。在外贸交易、财政支出上，有更多的可支配权和自主权。

3. 享有优惠政策，政策红利不断

截至 2017 年 5 月，柬埔寨的经济特区共有 45 个。这些经济特区的基础设施与相关配套日趋完善，而且很多经济特区享受特殊的优惠政策，主要体现在税收、贸易方面。

由此观之，柬日金边经济特区的发展刚好赶上了柬埔寨发展的好时机。

综上所述，柬日金边经济特区发展态势良好的原因在于，经济特区在主导企业竞争优势的生产要素、需求条件、园区发展相关产业、政府支持与机遇六个方面，都与柬埔寨当前产业发展形成了优势互补。园区内企业发展的同时，也带动了柬埔寨的产业发展。

二 柬埔寨西哈努克港经济特区建设所具备的优势与面临的挑战

柬埔寨西哈努克港经济特区（以下简称"西港特区"）是中柬企业在柬埔寨西哈努克省共同开发建设的经贸合作区。园区于 2008 年 2 月由柬埔寨首相洪森亲自奠基。2016 年 10 月，蓬勃发展的西港特区被习近平主席誉为"中柬务实合作的样板"。以下从"钻石模型"涉及的六个方面，分析园区发展的优势与不足。

(一) 在生产要素方面

对西港特区发展而言，生产要素方面既有优势，也有不足。优势是所有园区发展的基础条件。这里主要讨论园区在生产要素方面的不足。

一是基础设施匮乏，特别是物流基础设施严重匮乏。根据世界经济论坛最新的全球竞争报告，在 137 个国家中，柬埔寨在基础设施方面排名第 112 位，落后于东南亚邻国，基础设施匮乏被认为是柬埔寨最需要解决的问题之一。西港特区从零开始，在最大落差为 70 米的丘陵地带，克服重重困难，已建成 5 平方公里国际工业园区，建有 148 栋厂房和 1 个大型污水处理厂，并建设了集办公、居住、餐饮和文化娱乐等多种服务业于一体的综合服务中心大楼，配备柬籍员工宿舍、集贸市场、生活服务区等配套设施。

二是柬埔寨产业发展缺乏足够资金。2019 年柬埔寨财政部表示，根据 2020～2023 年国家财政预算案战略计划，柬埔寨计划每年向外借贷 15 亿～28 亿美元，以满足国家实际财政预算的需求和宏观经济发展。园区引进金融机构，为企业搭建融资平台及提供各类金融服务。

但园区内企业融资依然面临困难。柬埔寨的市场机制不够健全，经营秩序不够完善，给外商带来的直接影响是，投资的稳定性不够，融资条件较差。很多经济开放政策在柬埔寨这样的国家体现不出优势。比如，柬埔寨外汇无管制原本是吸引外资的优势，但是由于柬埔寨国民经济自主性不足，非常容易受到全球经济波动的影响，故而汇率波动较大，更增大外企融资难度。牵头企业也无法在这个方面提供更多助力。

三是技术性人才的匮乏。柬埔寨国内人力资源不足、经济建设方面的人才少，也缺乏熟练工人，80% 的人从事农业劳动。为解决人力资源不足的问题，2012 年经济特区与无锡商业技术学院合作在园区内建设了培训中心，开设中文、英语、管理、贸易、会计、计算机、物流等专

业。2012 年以来已组织了 14 期培训，累计培训学员 4 万人次。2018 年
又开设了西哈努克省中柬友谊理工学院。现在学院有学生 700 多人，其
中根据不同的学习任务，学生们又分长期学习和短期学习两种，这些学
生大部分来自西哈努克省和贡布省，还有一部分来自金边等地。在加强
技术劳工培训方面，2018 年年底，西港特区公司和无锡商院申办的西哈
努克港工商学院（西港工商学院）正式获批。两所学院各有侧重，前者
注重职业培训，后者注重学历教育。

（二）在需求吻合方面

园区建设与柬埔寨社会经济发展需求吻合，这是西港经济特区
发展的优势之一。2015 年 8 月，柬埔寨王国政府发布《2015—2025
工业发展计划》，推出"2018 年优先发展目标"，重点推进四个核心
行动计划：第一，制定和落实降低工业和商业电力价格计划，并努
力扩展其范围，提高电力的安全性；第二，制定和落实运输系统和
物流系统的总体规划，特别是连接金边—西哈努克、金边—巴域、
金边—波贝的经济走廊；第三，加强和落实劳动市场的管理机制和
培训技术劳工；第四，把西哈努克省开发为综合性的示范经济特区。
西港特区的建设与发展能够满足上述需求，主要表现在以下几个
方面。

在发展定位上，实行产业规划与当地国情的深度融合，把企业
"走出去"实现跨国发展的意愿，与柬埔寨工业发展的阶段性需要有
效对接，确保特区建设可持续发展。一期以纺织服装、箱包皮具、
木业制品等为主要发展产业；二期将发挥临港优势，重点引入五金
机械、建材家居、精细化工等产业。全部建成后，将形成 300 家企
业（机构）入驻、8 万～10 万名产业工人就业的配套功能齐全的生
态化样板园区。

最为突出的是，西港特区的发展带动了整个西哈努克省的发展，
依托特区的发展，周边村庄及人民的生活也发生了翻天覆地的变化。
据统计，2017 年，西哈努克省人均 GDP 超过 2000 美元，在柬埔寨全
国名列前茅。西哈努克省省长润明多次称赞西港特区是西哈努克省经

济发展的引擎和当地人民的"饭碗"。同时西港特区与西哈努克港实现了联动发展。目前，西港特区内已入驻企业 116 家，这些企业大部分是外向型企业，进口原材料，出口制成品，基本每天都有集装箱来往于园区及港口之间；港口为特区及区内企业的发展提供了强有力的基础设施配套，临港优势成为西港特区吸引投资的一大亮点，为企业的货物进出口提供了便利，降低了物流成本。

（三）企业竞争力方面

牵头企业的综合竞争力直接关系到园区的竞争力。西港特区的主导企业是红豆集团。优势有三：一是在纺织行业方面具有领先优势；二是在园区招商方面极具优势；三是有国际发展优势，在土地和税收政策的协调方面做得较好。

第一，在纺织行业方面的优势。园区的产业定位为以纺织服装和机械电子为主的综合性、现代化国际合作园区。因此，吸引到的第一批入园企业几乎集中在纺织类企业，比如苏州云鹰纺织品有限公司、保利纺织、金宸源针织品厂、烟台明远家用纺织品有限公司等。可以说初期入园企业中发展势头较好的多半为纺织类企业。

第二，在园区招商方面具备优势。目前，西港特区已经引进了 100多家企业，其中 88 家企业投入运营。

第三，红豆具备一定的国际化优势。体现在推动西港特区与当地政府土地租赁政策和税收政策落地，以及推动当地政府在园区提供"一站式"服务等方面表现出色。这个方面的能力与柬日金边经济特区的牵头企业水平相当。

牵头企业在发展中存在以下不足。

一是未能与柬埔寨当地企业形成良性互动。在培育柬埔寨当地企业方面，主动性发挥不足。园区内缺乏中柬合资与合作企业。牵头企业似乎缺乏带动当地企业合作或者合资发展的计划。

二是主导企业似乎很难吸引到中柬两国外的第三方企业。虽然从园区的官网上可以看到中国公司外的企业名称，但实际在园区内投产的中国之外的企业并不多。至于柬埔寨当地企业，仅有加华银行等屈指可数的企业。此外还有一家爱尔兰马装厂。原本的美国企业和日本企业并没有投产，或者投产时间不长就撤资了。

（四）相关支撑产业与发展环境的健全方面

园区发展所需的相关支撑产业包括几个方面。一是园区的基础硬件设施完善，这也是柬埔寨合资工业园区建设的共同优势。2012 年时西港特区已形成 5 平方公里的国际工业园区规模，初步实现通路、通电、通水、通信、排污（五通）和平地（一平），建有大型污水处理厂，是柬埔寨当地生产、生活配套环境完善的工业园区。同时，园区针对柬埔寨供水、供电系统不稳定的现实情况，特区公司自建了水厂、电厂，在以西港市政供给为主的同时，随时应对突发停水、断电事件。2019 年园区还启动了热电项目，一期建成后，年供电量 1.9 亿度，年供热量 54 万吨，可以基本解决园区工业用电问题

二是园区的配套服务优势。从行政服务到清关物流都实现了一站式服务。行政服务包括从企业登记注册、进出口报关、商品检验检疫，到申请原产地证明，都可在特区内的综合服务中心——柬埔寨政府一站式服务窗口完成申请办理。

三是投资优惠税收等政策不断健全。第一，柬埔寨与中国同是 WTO 成员，相互之间的贸易比较便利。第二，柬埔寨没有遭遇发达国家的"双反"贸易壁垒，生产成本相对较低。第三，柬埔寨可享受欧美等发达国家给予的普惠制待遇及额外的关税减免优惠。柬埔寨不受美国、日本、欧洲等发达国家或地区贸易壁垒的限制，而中国是亚洲受到限制最多的国家之一。第四，中国—东盟自贸区建成，东盟还将与中国、韩国、日本、印度、新西兰、澳大利亚建立自贸区，这就意味着拥有柬埔寨产地的产品可零关税进入东盟"10＋6"大市场。

四是园区产业发展所需要的上下游产业链的完备问题。产业链完善方面尚面临很大挑战。柬埔寨缺乏自己的工业基础，这是园区招商和融资的主要症结。柬埔寨国内缺乏完整的工业体系，工业能力弱，许多产品本国不能生产，要依赖进口。再加上科技水平落后，第三产业的产业水平也不高，很多企业到园区调研后发现，需要移植整条产业链，否则

很多制造业企业无法投产。柬埔寨目前在产业链的完善程度方面还无法与泰国和印尼相比。这是园区目前发展的最大挑战。泰国和印尼的产业链，是依托日本企业从 20 世纪 70 年代开始在两国逐步布局制造业企业的基础。柬埔寨的产业发展可以说是从零开始。从某种程度上而言，这是对牵头企业产业培育能力的一个挑战。牵头企业与其他企业能否合力尽快实现柬埔寨制造业的产业链培育，关系到西港特区未来的成败。

（五）政府支持

西港特区从建园初期就得到中柬双方政府的极大支持。这也是园区发展中的一大优势。2010 年 12 月 13 日，两国政府在北京正式签订《中华人民共和国政府和柬埔寨王国政府关于西哈努克港经济特区的协定》，奠定了西港特区的法律地位。2012 年 6 月 13 日，时任中共中央政治局常委、中央纪委书记贺国强在访问柬埔寨期间与柬埔寨王国首相洪森共同为西港特区揭牌。同时，2012 年 12 月 4 日，西港特区协调委员会第一次会议在无锡召开，标志着双方政府支持推动西港特区发展的长效协调机制正式启动。2014 年 1 月 27 日，中国商务部部长助理张向晨、柬埔寨发展理事会秘书长索庆达在金边共同主持召开西港特区协调委员会第二次会议，为西港特区的快速发展奠定了良好基础。

此外，柬埔寨首相洪森多次公开肯定西港特区所取得的成绩。2017 年 5 月，洪森首相在北京参加第一届"一带一路"国际合作高峰论坛期间就曾表示，西港特区是由柬中两国政府签署协议表示支持的唯一工业园区，这个项目已经成为柬中两国进行合作的示范性项目，为柬埔寨的人民带来了很多切实的好处。2019 年 4 月 26 日，柬埔寨首相洪森出席第二届"一带一路"国际合作高峰论坛高级别会议时说："西哈努克港经济特区的成功开发，就是中国项目成功的典范。目前在特区 161 家进驻企业中，中资企业达到了 148 家，为柬埔寨人民创造了 2 万多个就业岗位；特区第二阶段发展，将有机会为柬埔寨人增加 8 万个就业岗位。"

（六）机遇

柬埔寨西港特区的启动与建设恰逢多个发展机遇。柬埔寨方面，第一，柬埔寨西哈努克市的总体城市规划中，不仅确定了沿海城镇的土地使用范围，还展示了西港旅游业、商业以及其他行业开发领域的发展蓝图，有效期至 2030 年。根据规划指示，西哈努克市将发展成为"拥有世界上最美丽的海滩、多功能经济特区和物流中心的现代化城市"。第二，洪森首相 2019 年公布的柬埔寨《2019—2023 年国家发展战略》显示，为完成未来 5 年的国家发展战略计划、保持 7% 左右的经济增长速度，柬埔寨需要 599 亿美元预算。洪森同时提出，积极推动《2014—2018 年国家发展战略》未完成的事项，继续维护国家的和平与秩序，通过扩大国家经济基础加快国家经济发展，提升柬埔寨在区域与全球的竞争力，并实现柬埔寨 2030 年进入中等偏上收入国家行列的目标。

中柬关系方面，2019 年 4 月 28 日，《构建中柬命运共同体行动计划 (2019—2023)》在北京正式签署。在经济合作领域特别提出，两国全面对接发展战略，在"一带一路"框架下推进全方位合作，逐渐形成经济高度融合、相互依存的利益共同体，给两国人民和地区发展带来更多福祉。这些无疑是推进西港特区发展的机遇。

三 结论

综合以上讨论本文有如下发现。柬日金边经济特区和柬埔寨西哈努克港经济特区，在生产要素、需求条件、政府影响力和发展机遇方面，有相似的优势。从某种程度而言，两个园区都具备了形成竞争力的基本要素。但仅就现阶段的发展而言，或许柬日金边经济特区比柬埔寨西哈努克港经济特区的发展更具优势，这些优势主要是在企业的战略和综合竞争力以及相关产业支撑条件方面。

柬日金边经济特区依托日本企业与当地成功企业的合作，并且主动对园区内企业提出了高标准，以这个标准反向塑造柬埔寨产业的发展环境。同时在相关产业支撑条件方面，日本在泰国的产业布局，让柬日金边经济特区成为"泰国＋1"战略的一部分，金边经济特区的发展依托的是日本企业业已在泰国形成的产业链。也就是说金边经济特区其实是日本在中南半岛长期布局的"泰国＋1"战略的一个组成部分，所以在相关产业支撑方面，相比较而言，柬日金边经济特区并不是从零开始，而是有发展基础的。

柬埔寨西哈努克港经济特区的红豆集团，仅就近期而言在融资能力和产业链培育发展方面稍逊色于更具国际产业发展能力的柬日金边经济特区的日本企业。在相关产业的支撑条件方面，如前所述由于柬埔寨缺乏工业发展基础，加上中资企业也未在整个中南半岛布局相关产业链，故而短期内从零开始在柬埔寨培育出相关产业链难度较大。因此如果仅就接下来 5～10 年而言，或许柬埔寨西哈努克港经济特区的发展势头无法与柬日金边经济特区相比。特别是在柬中资企业大部分产业链还在中国国内，似乎尚未形成国内国外联动发展的态势，短期内在海外园区发展起上下游产业链，所面临的挑战并不小。

当然劣势或能成为优势所在。柬埔寨缺乏相关工业产业链，缺乏当地成功企业参与园区共建，这同时也是一个机遇。推动中国、柬埔寨以及其他国家企业共同为柬埔寨产业发展确定新的发展路径，便可实现从零到一的突破，以及之后快速跃升。

中东社会文化合作与互联互通

柬埔寨与中国的文化关系

蓬塞卡

（Phon Kaseka）

柬埔寨皇家科学院人文社会科学研究所所长

一 导言

论及别国对柬埔寨的文化影响，有人可能会因为宗教、艺术、建筑和其他传统方面的关联性而联想到印度，但人们往往会忽略中国。

不仅是对柬埔寨，从史前时期开始，中国的影响就逐渐辐射整个东南亚地区。早期东南亚大陆的国家就曾提及与中国的关系。在古代，中国曾经派遣使节前往扶南（公元 1～6 世纪中叶的柬埔寨），在那个时候就有了关于早期柬埔寨的文字记载。据中国记载，柬埔寨古称扶南，后期又被称为真腊。吴哥王朝时期，名为周达观的中国使节曾著书记述公元 13 世纪后期的柬埔寨风土人情。

在吴哥地区，从始建于 12 世纪的巴戎寺浅浮雕和班迭奇玛寺浅浮雕中可以看出，中国人从那时起就已经在当地从事经商和军事相关的活动了。

中国与柬埔寨交往的明确佐证直到 14 世纪才出现，主要体现在贸易和外交方面。

从很多方面可以看出，柬埔寨与中国的交往有很深的历史渊源。

柬埔寨和中国的文化渊源悠久而深厚。中国移民出于经商的目的来到柬埔寨。由于两种文化的相似性，柬埔寨人民吸收了一部分中国文化。对于长期生活在柬埔寨的中国人来说，他们世代融入柬埔寨文化，最终成为华裔高棉人（Chino – Khmer）。

二 两国文化关系的体现

（一）吴哥地区浅浮雕

建于古代的巴戎寺浅浮雕上有士兵队列的形象，人们认为这些士兵来自中国。此外，浮雕上也有中国平民的形象。还可以看到中国商人的店屋内商人与其他中国人谈论生意的场景（见图1、2、3、4）。人们通过浅浮雕上人物（包括军人、平民和商人）的肖像、眼睛、发型和服饰等特征判断他们来自中国。

图1　建于古代的巴戎寺浅浮雕上的中国士兵群像

图2　巴戎寺浅浮雕上中国人宴会场景

图3　巴戎寺浅浮雕上中国人卖布匹场景

图4　巴戎寺浅浮雕上，店屋内中国商人谈论生意的场景

1177 年，柬埔寨与占城之间的战争中出现了骑兵，这也是从中国借鉴而来的（见图5）。

图5　巴戎寺浅浮雕上国王（阇耶跋摩七世）骑马指挥士兵的场景

（二）陶瓷

到 20 世纪，在柬埔寨也能看到中国文化的影响。据考古资料，在柬埔寨许多地区发现的中国陶瓷佐证了两国的交往，具体包括陶瓷碗具和杯具等（见图6）。高棉陶瓷也借鉴了中国陶瓷的造型，从平板瓦上也能看出中国工艺的印记。高棉陶工受中国陶瓷的启发，制作了有自己文化特色的瓶、瓮、带盖盒、胡瓶、明式水银罐和宋式白瓷碗等。

图6　在柬埔寨考古中发现的中国陶瓷

中国陶瓷主要分布在吴哥地区和柬埔寨其他地区，这也表明高棉人对中国陶瓷的认可。法国学者伯纳德·菲利普·格罗斯利埃（Bernard Philippe Groslier）在《高棉陶瓷概论》一书中提到，高棉人通过陆路和海路进口中国陶瓷。据考古资料，在 10 世纪中叶，吴哥地区就出现了中国陶瓷。

（三）中式房屋

两层带屋顶的木制房屋是典型的高棉人的房屋样式。人们一般居住在高层，并用淤泥加固房屋，抵御洪水。底层地面是工作场所，也作为牲畜棚或用来储存收获的粮食。

柬埔寨农村地区可以看到仿中式风格的房子，被称为 Phtah Chin 或 Phtah Kantang。在贡布省，有被称为 Phtah Chin Hanain 的华人房屋（见图 7）。早期中国人移民到柬埔寨时，曾在农村地区从事买卖中间商活动。

图 7　柬埔寨南部贡布省的中式房屋

（四）设计与装饰

高棉人采用的部分设计样式，常见于寺庙墙壁上，主要集中在吴哥窟的寺庙，包括 Kbach Angkor、Kbach Pgnites、Kbach Vor 和 Kbach Pgni Phleung。吴哥窟建于 12 世纪，其门侧柱上的图案也模仿了中国纺织设计中的凤凰图案（见图 8）。

图8　吴哥窟寺庙中的凤凰图案

（五）绘画

最流行的绘画常见于佛塔（佛教寺庙）墙壁上。大多数高棉绘画以佛陀的故事为题材，也有一部分画作描绘柬埔寨人民的日常生活。高棉佛塔的墙壁上也能看到一些中国绘画的印记，比如 Hangsa 的形象（中国人称其为凤凰，是幸福的象征）。

（六）戏剧表演

柬埔寨长期以来拥有丰富的戏剧表演艺术形式，仙女舞和传统皮影戏为观者带来极致的视觉体验。其他表演艺术形式还包括：皮影戏（Lakhaon Sbaek Por）、面具戏（Lakhaon Khaol）、伊给戏（Lakhaon Yike）、巴萨剧（Lakhaon Bassac）、莫赫里戏（Lakhaon Mohori）、言戏（Lakhaon Niyeay）、女讲戏（Lakhaon Poul Srei）等（见图9）。

巴萨剧受中国京剧表演艺术的影响，深受柬埔寨人民的欢迎。

（七）文学

诗歌是柬埔寨的一种通俗文学形式，人们用诗歌讲故事和劝勉年

图 9　巴萨剧

轻人。

有一类被称为 Labeak Angkor 的诗歌，主要描述的是中国人。

（八）民间故事

東埔寨民间流传着农村普通百姓的风俗故事，口口相传至今。有一些描述的是在東埔寨生活的中国人，甚至还有中国人移民到東埔寨的故事。

（九）日常用具

東埔寨与中国的联系可以追溯到很久以前。在日常用具方面，中国对高棉文化的影响体现在：

——高棉男人的裤子被称为 Khao Chev，意为中国服装（Av Chin）；

——测量器具；

——家具（桌椅）、雨伞、筷子、十字弓、斧头等。

据研究 12 世纪東埔寨与占城战争的历史学家保罗·穆斯论证，東埔寨军队使用十字弓是受到了中国的启发（见图 10、11）。

（十）仪式

在東埔寨，中国的仪式在华裔高棉人群体中得以延续，包括婚礼（见图 12）、葬礼、扫墓（清明）、满月仪式和中国新年等。

图 10　中式十字弓

图 11　巴戎寺外墙战争场面中使用的十字弓，据说是受到中国的启发

图 12　融合中柬传统风俗的当地婚礼

高棉华人普遍遵奉清明习俗，认为这样做能使家族兴旺。清明时节，人们清除坟墓的杂草，用彩色纸片装饰坟墓顶部，向祖先供奉水果和烤鸭烤猪等食物。

高棉华人每年都会庆祝中国新年。富裕人家会请舞狮在房屋前表演（见图13）。

图13　高棉华人屋前舞龙表演

（十一）语言

中文在全世界应用广泛。早期高棉人和中国人主要进行商业往来，因此高棉语也吸纳了一部分中文词语。

（十二）文化关系溯源

回顾历史，柬中两国早在公元3世纪就已有交集。13世纪后期，中国使节周达观用文字记述了移民柬埔寨的中国船商（在柬中国移民和永久定居群体的佐证）。

18～19世纪，部分中国人从中国南部和东部迁移到柬埔寨。大多数移民是男性，从事商业活动，并与当地妇女组成跨文化家庭。1912～1945年，有相当数量的中国人移民到柬埔寨。

中国人移民柬埔寨主要有以下原因。

（1）法国对中国劳工的需求。其一，清朝政府与英法两国达成协议，将中国人以劳工身份带到殖民地国家（1860 年）。其二，法国人认为中国人更加聪明勤奋，可能掌握着高深技术或拥有其他禀赋。中国移民主要从事筑路工、厨师、农民等职业（为法国殖民者进行工业和农业劳动）。

（2）中国的战乱：1911～1949 年中国陷入经济社会动荡。

（3）中日甲午战争：1894～1895 年爆发中日冲突，日本自此崛起成为世界主要强国，清政府的积弊越发暴露。

（4）生活困境：在过去，中国经济的特点是人们普遍贫困、收入极度不平等、人民生计普遍缺乏保障。

（5）个人原因：一些中国人因有犯罪前科和贫困等个人问题移民柬埔寨。

三　结语

柬中两国官方和民间联系可追溯到千年以前。两国政治、贸易和文化紧密相连，这种联系也将长久存续。

从前，中国人陆续迁入柬埔寨，成为华裔高棉人，与当地人和谐相处。如今，当地华人的生活状态却不同于彼时。早期中国移民来到柬埔寨，生活窘迫。为在当地求得生存，他们努力融入当地社会。凭借努力工作和丰富的经商和生活经验，他们最终在柬埔寨扎根，安居乐业。

如今，中国商人来柬埔寨做生意，有些人有典型生意人的做派，对当地人民、当地文化和传统缺乏足够尊重，甚至从事违法犯罪活动。为维护经济强国的公信力，中国应该加强对本国海外旅游和经商群体的管理，让他们学会尊重其他国家的人民。

"每个人，无论种族、出身或社会地位，都值得被尊重"。为保持友好关系，我们必须相互尊重，正如莫娜·萨特芬（Mona Sutphen）所引述的一句话："最良好的关系建立在相互信任和尊重之上。"

参考文献

Coedès, George. (1968). *The Indianized States of Southeast Asia*, edited by Water F. Vella, translated by Susan Brown Cowing. Canberra: Australian National University Press.

Groslier, B. P. (1985 – 86). "For a Geographic History of Cambodia". in: *Seksa Khmer*, No. 8 – 9, pp. 31 – 76.

Edwards, Penny. (July 1996). Ethnic Chinese in Cambodia. in: *Center for Advanced Study: Interdisciplinary Research on Ethnic Groups in Cambodia*. Final Draft Report Center for Advanced Study, Phnom Penh, pp. 109 – 175.

Mus, Paul. (1929). "Les Balistes du Bayon". BEFEO XXIX, 1929, pp. 331 – 341.

Stuart – Fox, Martin. (2003). *A Short History of China and Southeast Asia: Tribute, Trade and Influence*. Milton Osborne.

Willmott, William E. (1964). "History and Sociology of the Chinese Prior to the French Protectorate". in *Journal of Southeast Asian Studies*. Singapore, V. 7, N. 1, pp. 15 – 38.

Willmott, W. E. (1970). *The Political Struture of the Chinese Community in Cambodia*. University of London, Te Athlone Press, New York.

Zhou, D., & Harris, P. (2007). *Zhou Daguan: A Record of Cambodia*. Chaing Mai: Silkworm Book.

http://www. asienreisender. de/zhoudaguan. html.

https://www. britannica. com/place/Cambodia/Trade.

https://www. khmertimeskh. com/75376/china – investments – made – cambodia/.

https://www. khmertimeskh. com/50639573/chinese – companies – urged – to – consider – investments – in – cambodia/.

https://pandapawdragonclaw. blog/2019/06/25/the – cambodia – conundrum – the – belt – and – road – private – capital – and – chinas – non – interference – policy/.

https://www. phnompenhpost. com/post – plus/history – diplomatic – relationship – between – cambodia – and – china.

柬中关系：社会文化领域

陈邦尼

（Chan Bunny）

柬埔寨皇家学院中国研究中心高级研究员

一 引言

中国和柬埔寨睦邻友好，传统友谊历史悠久。迄今为止，双方已经有两千多年的交流历史，一系列堪称典范的故事传承至今。

1955 年 4 月，周恩来总理与柬国家领导人西哈努克亲王在万隆亚非会议上结识，这被视为柬中友好合作关系的新开端。1958 年 7 月 19 日，柬中两国正式建交。

中国逐步成为地区和全球大国，柬中两国关系在 20 世纪 90 年代末得到加强。柬埔寨是中国的重要伙伴。两国的高级领导人经常进行接触。

2006 年 4 月，中国和柬埔寨同意建立全面合作伙伴关系。2010 年 12 月，两国将双边关系提升为全面战略合作伙伴关系。

两国在国际和地区事务中的沟通、协调与合作日益密切。在高层政治共识的基础上，双方相互尊重、相互支持，维护了中国—东盟关系的大局以及地区和平与稳定。

除了在经济和政治上与柬埔寨合作外，中国的文化和语言非常适合柬埔寨社会。中国是世界上人口最多的国家。众所周知，中国人来往世界各地，带去了他们的文化、传统、信仰等，对柬埔寨也不例外。

在柬埔寨生活的中国人可以通过多种方式影响该国。例如，拥有柬埔寨公民身份的华人华侨可以为政府工作。此外，柬埔寨华人大多经商，他们往往有能力游说政府做出对中国友好的决定。尽管世界各地的华人在语言和文化上有着共同的纽带，但东南亚（包括柬埔寨）的大多数华人与中国之间的纽带仅存在于纯粹的经济利益之中，因此他们不想冒着失去政治和经济特权的风险来为中国更广泛的利益服务。

在文化上，中国的价值观深深植根于柬埔寨社会的许多方面。然而，中国在柬埔寨的这种地位也引发众多争议。尽管柬埔寨政府热烈欢迎中国的援助，因为这种援助不附带任何条件，但许多专家还是存在担心或疑虑。在这样的争议下，客观评估中国在柬埔寨社会经济发展中已经产生的影响和继续发挥的作用就变得很有意义。

本文将从柬中关系的发展简史、中国人和中国文化融入柬埔寨社会的情况以及两国的文化合作等方面进行探讨。

二　柬中关系史

早在吴哥王朝时期，柬埔寨就与中国有了贸易往来，还吸引中国商人留此定居。元朝派去吴哥的特使周达观曾在吴哥王朝的都城居住，并记录了吴哥王朝的社会生活和领导阶层。

尽管柬中两国在1958年7月才正式建立外交关系，但两国高层领导人西哈努克亲王和周恩来总理自1955年初见以来会晤不断，并保持友好联络。1955年4月，两人在印度尼西亚万隆会议期间首次会面。一些亚洲和非洲前殖民地获得独立，新独立国家的领导人聚集在一起，共同探讨如何防止殖民主义卷土重来。柬埔寨独立五年后，1958年，诺罗敦·西哈努克（1941年登基，以国王或国家元首的身份一直执政到1970年）正式与中国共产党领导的中国建立联系。柬埔寨开始接受援助，西哈努克确保他的国家在美国和苏联以及苏联的伙伴越南之间保持中立。

对中国而言，柬埔寨为中国扩大在东南亚的影响提供了一个稳定的基础。一些专家认为西哈努克和中国总理周恩来之间的深厚友谊有助于改善两国关系。研究柬埔寨历史的法国学者亨利·洛卡德（Henri Locard）认为，周恩来的高雅气质和恭敬态度帮助他赢得了西哈努克的好感，让他相信中国是可以信任的。

2012 年，前西哈努克亲王的私人秘书胡里奥·耶尔德勒（Julio Jeldres）在文章中写道，西哈努克与周恩来交好，因为这位领导中国的人向他低头表示敬意。周恩来的温和恭敬让西哈努克亲王感到中国这个大国深深欣赏他和柬埔寨。出于与中国领导人的这种特殊关系，1970 年 3 月 18 日政变发生后，西哈努克决定在中国避难。

1991 年 11 月 14 日，一架中国波音 707 专机飞离中国机场，机上载有柬埔寨前国王和国家元首诺罗敦·西哈努克，他在流亡中国 12 年多后回到了祖国。

1996 年 7 月，中国迎来赴中国进行正式访问的洪森。此后，两国领导人和高级官员之间交流频繁，中国也不断对柬埔寨提供援助，这显然让两国关系进一步得到改善。

洪森认识到中国在经济发展中的重要性，1997 年，在他的领导下，柬埔寨开始与中国建立紧密联系。在过去二十多年间，柬埔寨与中国持续交往，中国已成为柬埔寨外国援助和外国投资的主要来源国。从 1997 年到 1998 年，中国在柬埔寨的投资增加了 2 倍，1999 年继续增长 40%，中国成为柬埔寨最大的外国投资来源。2009 年，中国成为柬埔寨最大的援助国，援助金额高达 2.57 亿美元，高于欧盟的 2.14 亿美元。2006 年，柬中两国的贸易额总计 7.32 亿美元。

与中国的合作中柬埔寨除了获得经济利益，也获得了地缘政治利益。通过加强与中国的全面关系，柬埔寨不断减轻来自越南的压力。中国也需要柬埔寨支持其"一个中国"政策、"一带一路"倡议和亚洲基础设施投资银行，从而连通整个东盟地区。通过与柬埔寨的全面合作伙伴关系，中国希望减轻来自美国的在亚太地区的压力，扩大自己在东盟地区的影响。此外，中国与柬埔寨、缅甸、老挝和泰国保持密切友谊，有利于其在南海问题上与文莱、马来西亚、越南和菲律宾更好地磋商。

2000 年 11 月，时任中国国家主席江泽民访问柬埔寨。两国领导人认为这次访问是两国外交关系中的里程碑，因为这是中国最高领导人首次对柬埔寨进行正式访问。访问期间，两国领导人发表了关于双边合作框架的联合声明。作为回应，洪森重申继续支持"一个中国"政策的立场。

2002年11月，时任中国总理朱镕基访问柬埔寨。在对柬埔寨为期两天的访问中，朱镕基宣布免除柬埔寨对中国的约2亿美元的债务。朱镕基还宣布向洪森政府提供无息贷款和1250万美元的额外援助。两国领导人同意将农业、人力资源开发和基础设施建设作为两国合作的优先领域。

2008年，柬中建交50周年。在此之前，2006年，时任中国总理温家宝承诺向洪森政府提供6亿美元的发展援助和贷款，其中3300万美元用于兴建部长会议大楼，以庆祝柬中建交50周年。

2010年底，柬中两国的外交关系又向前迈进一步。2010年12月，在洪森首相访华期间，两国领导人同意将两国关系升级为全面战略合作伙伴关系。

2012年是柬中关系强劲发展的一年。在东盟峰会之前，时任中国国家主席胡锦涛访问了柬埔寨。访问期间，他承诺向柬埔寨提供近4000万美元的援助和3000多万美元的贷款。在与胡锦涛主席的会晤中，洪森首相提议中国每年向柬埔寨提供3亿~5亿美元资金，用于发展灌溉业和开发电力基础设施。

在洪森的领导下，中国政府与柬埔寨王国政府建立了密切的关系，中国政府为建设横跨湄公河的8座桥梁提供了贷款，其中包括：哥通县百色河大桥、新水净华桥、西公大桥、洞里萨河桥、湄公河大桥、大金欧大桥、北克丹大桥和白电目大桥。2016年10月13日至14日，习近平主席对柬埔寨王国进行国事访问。

2018年1月10日至11日，中国国家总理李克强访问了金边，并带来了19份新的援助和投资协议。他的到来标志着中国是支持柬埔寨政权的国家。当时，美国和欧盟都撤回了部分对柬援助，并威胁要收回贸易关税优惠。

同期，澜沧江—湄公河合作第二次领导人会议在柬埔寨首都金边举行。中国总理李克强对金边进行了正式访问并与洪森共同主持会议，这开启了柬中建交60周年庆祝活动。从2018年初开始，柬埔寨举办了许多活动，如庆祝中国春节的柬中混合艺术表演、图片展、2018年柬中商业论坛、首届柬中旅游峰会等，并在年底前持续开展活动，包括各级访问交流以及人文交流、青年交流等，并组织旅游、贸易和投资部门的促进研讨会。

2019 年初，柬埔寨首相洪森对中国进行为期三天的访问。1 月 23 日，柬埔寨和中国围绕柬埔寨首相访问的 14 个要点发表联合新闻公报。在洪森首相正式访问期间，中国再次宣布中方尊重柬埔寨的独立、主权和领土完整，支持柬埔寨根据自身国家利益选择的独立政策和发展道路。

洪森在柬埔寨首都金边市第三环线公路开工仪式上表示："在庆祝柬中两国建交 60 周年之后，我们也宣布，2019 年将是柬中两国文化旅游年。"

柬方高度赞赏中国改革开放取得的诸多成就，衷心祝愿中方在中共中央总书记习近平的领导下取得更大成就，称中国将成功实现"两个一百年"目标。

联合新闻公报表示，柬埔寨王国反对一切形式的"台湾独立宣言"，并认为台湾是中国的一部分。柬方重申继续坚定奉行"一个中国"原则，承认中华人民共和国政府是代表全中国的唯一合法政府，台湾是中国领土不可分割的一部分。

迄今为止，柬中两国都在合作中取得了丰硕的成果。中国是柬埔寨的最大外资来源国和第一大贸易伙伴。2015 年，柬中两国贸易额达到 44.2 亿美元。2016 年上半年，双边贸易额达 23.4 亿美元，同比增长 10.2%。截至 2016 年 6 月，中国对柬埔寨的直接投资已超过 120 亿美元，两国之间的人文交流不断扩大。2016 年 1 月至 7 月，中国赴柬埔寨旅游人数较 2015 年同期增长 12.4%。2001 年至 2018 年 6 月，中国政府共承诺合作融资 527.6 万美元，包括贷款总额和无息贷款等。

柬埔寨副首相兼外交大臣布拉索昆（Prak Sokhonn）表示，双方同意加强合作，派最高级别的代表团互访，推动国家元首和政府首脑的访问，进一步加强政治合作，促进两国的贸易和经济合作。双方人民的利益影响着双方的文化、社会和人民。两国在教育、旅游、青年资源和排雷领域深化了合作，两国在与东盟成员的伙伴关系上、对大湄公河的使用上以及在南海问题上都持有共同观点或相同立场。

现在，中国已成为柬埔寨最大的外部援助国。中国承诺在 2019 年至 2021 年间向柬埔寨提供 6 亿美元的援助，并在 2019～2020 年推动 500 万人次中国游客前往柬埔寨旅游。在贸易和投资方面，2018 年，中国对柬埔寨的投资超过 64 亿美元，比 2017 年增长 15%。考虑到中国的援助和贸易情况，可以说，柬埔寨的经济离不开中国。

习近平说：“目前，柬中关系正面临新的发展机遇。”他接着补充说，中方愿与柬方共同努力，将两国关系推向新的高度。他呼吁两国保持高层交往，加强政府经验交流，扩大政府、立法机构、政党之间的交流，深化联合国、中国—东盟、澜沧江—湄公河合作等多边机制内的沟通与协调。

三　中国人的到来

海外华人起到的重要作用之一是通过推广中国的文化来展示中国的软实力。一般来说，每一个中国人都通过自身行为和在融入居住国文化的过程中展示中国的文化。柬埔寨就是典型案例，中国的春节不是柬埔寨全国性节日，也不是传统的高棉新年，而是柬全国各地的华人庆祝的节日。柬埔寨的一些学校和政府机构放假，允许学生和工作人员庆祝中国春节。即使是非华裔的柬埔寨人也在庆祝中国春节，因为他们相信这个节日会给他们带来好运、财富和幸福。

过去，由于战乱、经济困难、政治压力以及出于商业和贸易等原因，大量中国人移民到柬埔寨工作和生活。在 20 世纪 60 年代和 70 年代，华人成为柬埔寨第一大少数民族，共有 42.5 万人。由于波尔布特的极左政策以及越南的入侵，1984 年，仅有 61400 名华人生活在柬埔寨。柬埔寨所有世代的华人或“有中国血统的人”约占柬埔寨总人口的 3%，其中大多数是潮州人（Verver，2012）。此外，还有广东人、海南人、客家人等其他群体。除了中国公民之外，柬埔寨华人积极和密切地涉足柬埔寨经济、政治和文化领域，这明显体现在：柬埔寨经常庆祝中国节日和采用中国的文化仪式；经常吃中餐；华人家族企业和投资以及越来越多柬埔寨华人巨富涉足政坛，他们多与柬埔寨领导人关系密切。西奥西阿利认为，这些柬埔寨华人精英作为文化和政治的重要推动力，在一定程度上提升了中国在柬埔寨的软实力（Chansok，2019）。

从历史的角度来看，中国人移民至东南亚的过程可以分为四个主要阶段。第一阶段发生在公元 10~15 世纪，古代中国人移民至东南亚地区，即现在的柬埔寨、泰国、印度尼西亚和马来西亚等。中国人与当地人结婚，成为当地居民。第二阶段开始于 17 世纪，当时的中国人移民地大多为今天的柬埔寨和马来半岛等。第三阶段是鸦片战争前后，大批中国人移民到世界各地，包括印度等亚洲国家。大多数中国人移民是因为食物短缺和中国持续的战争。第四阶段是从战后到目前的全球化时代，中国人陆续来到柬埔寨。中国人也在亚洲各地寻找基础设施建设、技术、能源、工业、金融以及旅游业等关键领域的就业和投资机会。

中国人在柬埔寨定居的最早文字记录可以追溯到 13 世纪晚期。1296 年，中国特使周达观访问柬埔寨，他的记录证明了中国人已经在吴哥生活了。许多年后，在 17 世纪初，葡萄牙水手的记录证明了中国人已在金边定居。在同一时期来柬埔寨做生意的中国商人（Lim To Khieng）也观察到了这一点。

法国人也发现中国人已经很好地定居在了柬埔寨，比如在 1865 年重新成为首都的金边，当时大部分居民是华人。

1949 年发生了一个重要事件，中华人民共和国宣布成立。从那以后，生活在国外的华人也庆祝这个节日。大部分华人觉得这与自己有关，金边也悬挂起中国国旗。当时，商业领域的华裔人口有了很大的增长。1970 年 3 月 18 日，朗诺集团上台，新领导人的第一反应是禁止华人从事祖业。朗诺热衷于反对越南人和越共，反对中国人和其他共产党人。他先是试图关闭一所中文学校。然而，他的政策并未奏效，因为商业领域仍然掌握在华人手中。

大多数中国移民是因为当时在中国处于困境中才来柬埔寨的。13 世纪，一位中国特使写道，中国南方的水手已经移民到柬埔寨，希望过上更好的生活。还有人来柬埔寨是为了食物、住房、家具和做生意，其初衷是逃税或免受饥荒。这些难民中也有政治难民。总的来说，柬埔寨的华人很少进行大规模合作。直到 17 世纪中叶，才有证据表明华人以华人社区身份活动。

许多华人通过祭奠已故的祖先来维持自己与中国的历史渊源,但华人也遵从高棉文化,如参访佛塔和进行庆祝,以及根据高棉的传统点蜡烛。同样,高棉人也会过中国的春节、清明节和泼水节。因此,在柬埔寨,将某些习俗解释为中国(或高棉)习俗是不正确的。然而,值得注意的是,尽管有文化融合,华人和高棉人对华人身份的解释十分明确,其有五个独立的方言——粤语、海南话、客家话、闽南话和潮州话。

20世纪60年代和70年代初,柬埔寨约有42.5万华人。然而,到了1984年,在经历了红色高棉战争、被越南人迫害和驱逐出境后,只剩6.14万名华人在柬。威廉·威尔莫特(William Willmott)准确地描述了在法国对柬埔寨进行"保护"之前,中国移民的矛盾处境。通过婚姻,许多华人进入了高棉社会并接受了它的传统。选择"同化"的华人可以耕种土地,例如茶胶省的客家人、贡布省的海南华人,大多数华人农民都是如此。

目前,柬埔寨华人的数量正在迅速增长。潮州会馆的统计数据显示,如今,柬埔寨华人已经达到70万。同时,华人大多生活条件较好,拥有大量财富,有些还在政府中身居高位。1963年,研究海外中国人的专家威廉·威尔莫特估计,在柬埔寨的华人中,90%是商人。目前,60%的华商生活在城市,其余在农村地区。联合国难民机构的报告显示,在柬埔寨的中国人数量稳步增加。1984年有6万名中国人来到柬埔寨;而2005年,这个数字上升到40万。据报道,柬埔寨的华人社区已经恢复了以前的经济影响力,并帮助促进了中国的投资。柬埔寨有3%~5%的人口是华裔,即35万~70万华人,其中许多人是五百多年前来自中国南方的移民的后代,剩下的是近代移民的后代。在"红色高棉"统治下,柬埔寨华人遭受苦难;在20世纪80年代越南支持的政府统治下,柬埔寨华人面临歧视;但现在在洪森政府领导下,柬埔寨华人社会得以繁荣发展。

目前,尚未有针对柬埔寨的华人数量的新研究。然而,柬华理事总会声称,约有100万名华人生活在柬埔寨,在柬有13个主要的华人协会。各协会目标和宗旨不同,但都是为了保护传统文化,并逐渐影响其他柬埔寨人。此外,柬埔寨至少有100所华文学校,涵盖小学到高中,学生约为1万人。

我们在新年习俗、婚礼和其他节日中可以观察到，高棉文化和中国文化最显著的结合是它们将高棉和中国传统联系在一起。这种柬中结合保持着各自的民族特性。可以说，高棉民族在综合世界各国的文化传统方面表现出色。因此，我们发现在中国庆祝传统节日的时候，华人或高棉人不仅限于举行一种仪式。今天，中国传统几乎已经走向柬埔寨家家户户，无论他们的肤色如何。

事实上，柬中两国人民和平相处，因为中国人移民到柬埔寨是为了做生意，知道进入柬埔寨很容易。中国商业传统上很少涉足政治，这是华人的特点。

根据联合国的估计，中国移民的人数急剧增加，尤其是在东南亚。2015年，海外华人数量翻了一番，从1990年的420万人左右增加到目前的950万人左右。在亚洲生活的华人数量占全球总数的一半以上。

（一）中文学校

既是柬埔寨国民也是海外华人的柬埔寨人越来越重视中文学习。除了柬埔寨华人，一些柬埔寨人也送孩子去学中文。柬埔寨的中文培训历史悠久，可追溯到100多年前，大概从清朝开始。中国人移民到柬埔寨后，开始用自己的语言和文化教育孩子。

20世纪50~60年代是柬埔寨中文教育的黄金时代。当时金边有231所学校，其中有50所华文学校（学生5万人）。15个省包括马德望、桔井和磅清扬建有华文学校。同时，从华文学校毕业后，一些学生也有机会到中国学习。

1970~1973年，华文学校正常运转。80年代末，柬埔寨政府不限制外语教学，部分省份开始教中文。90年代初，由于政府采取了和平、政治稳定和民族团结的政策，柬埔寨的华文教育得以恢复并正式建立起来。

中国通过向柬埔寨华人会馆捐款来支持众多华文学校。中国还为柬埔寨的华文教师提供培训。然而，据报道，一些长期居住在柬埔寨的华人对中国日益增长的影响感到担忧，因为他们担心柬埔寨会对越来越多的中国移民和中国更强的经济影响产生反感（Marks，2000）。除了上述这些以及其他援助之外，中国在柬埔寨首都的农业发展、制药、塑料制造、纺织、糖厂、工程、教学法和医疗领域存在感很强（Jeldres，2003）。例如，金边某家声称拥有33%柬埔寨储蓄账户的私人银行，最近开始派遣员工到广州的中山大学进修商业管理（Marks，2000）。而且近期，几十名柬埔寨政府官员出于文化、教育和科学方面的原因访问了中国。

过去，战乱和跨境划界导致中文使用量减少，但对华人的宗教或商业行为基本上影响不大。现在最大的华人群体是潮州华人，约占柬埔寨华人总数的80%。第二大群体善于生产手工艺品、木工、黄金和空调。第三大华人群体专门从事食品行业或经营咖啡馆。第四大华人群体福建华人仍然希望在政府部门工作。

2006年3月，中国全国人大代表重申，"推广中文将有助于传播中国文化，提高中国的全球影响力（作为感情和规范方面的软实力）"。为此，中国鼓励并在财政上资助柬埔寨的华文学校。1938年，柬埔寨共有93所华文学校，1970年这一数字急剧增加到231所，仅在金边就有50所华文学校。20世纪80年代末，在"红色高棉"被击败和越南军队撤出柬埔寨之后，只有69所华文学校重新开放，其中只有16所位于金边。到了2010年以后，降到了56所（Heng，2012）；然而，柬埔寨的公立和私立学校都设立了中文教学中心。在资金和技术支持下，孔子学院也在柬埔寨正式成立。孔子学院在全球140多个国家设有中国文化和语言教学分支机构。沈大伟教授发现，中国政府每年花费约100亿美元，通过其在包括柬埔寨在内的发展中国家和发达国家的孔子学院，在文化领域投射软实力。

据报道，2017年7月，柬埔寨国防部在金边开设了一个"中文中心"，教授国防部官员和柬埔寨皇家武装部队官兵中文。每年有60人被选中参加这种语言培训班。研究发现，该中心的目的是加强柬中在军事层面的战略伙伴关系，以便两国的士兵和武装部队能够更密切地相互合作。在该中心落成典礼上，中国驻柬埔寨大使馆武官李宁亚重申，"通过在中心学习，柬埔寨军事人员将对中国文化有更深的了解，为两国军队的合作与交流做出更大贡献"。这种深度合作由文化因素驱动，逐渐将柬埔寨推入与中国实现战略互信和相互支持的轨道。

（二） 柬埔寨皇家科学院孔子学院

2009 年 12 月 22 日，柬埔寨皇家科学院孔子学院由副首相索安和时任中国国家副主席习近平正式揭幕。2009 年至 2018 年，柬埔寨皇家科学院孔子学院有 8 万多名学生、526 名教师（134 名专家和 392 名志愿教师）。在柬埔寨皇家科学院孔子学院，大约有 1400 名学生参加了中文培训（124 名学生获得了 100% 的奖学金；26 名学生获得 50% 的奖学金）。

柬埔寨福建总商会秘书长表示，中文教师培训中心不断帮助提高柬埔寨中文教师的技术培训和文化教育水平。他还说，在中国驻柬埔寨大使馆、柬华理事总会以及孔子学院的支持下，中文教育培训中心已经制定了几个技能培训方案。

（三） 中国高棉协会

自 1991 年柬埔寨正式接纳首个华人协会以来，金边以外的华人团结就是一种华人协会形式，大批捐助者帮助重建宗教组织、恢复中文教育、准备中国仪式和习俗等。这在一定程度上是因为，由于很多社团都已经沉寂了很长时间，华人团体要走到一起，重新认识自己的民族。在金边，华人社区的力量以及由许多会馆建立和领导的各种文化的象征意义，对促进华人，包括潮州人、福建人、广东人和客家人的复兴至关重要。

柬华理事总会成立于 1990 年 12 月 26 日，现任主席是方侨生。他着眼于中国教育的发展和中国文化的弘扬。该协会在柬埔寨全国设有分支机构，约有 50 所学校和 5 万名学生（2017 年协会报告）。中文教育促进了双语人力资源的发展，因为它们已成为连接柬埔寨各行业中资企业之间合作与交流的桥梁，有助于建立纽带。来自中国的柬中友好合作教师组织与一名柬埔寨教师一道，开办了中文教学法建设培训班，推动柬埔寨的中文教育从"输血"到"造血"。

最近推动中国人移民的一大主因是新丝绸之路项目的启动，该项目将带来价值数十亿美元的基础设施投资。然而，与老一辈华人不同，当时，大多数移民贫穷且受教育程度低，目前许多中国移民是投资者和企业家。

柬埔寨政治分析家常·万纳瑞斯（Chheang Vannarith）发现，今天的中国移民与他们的祖先不同。先辈们与当地社区融合，与当地人和平团结。而今有些中国新移民对学习高棉语言、文化和历史不感兴趣。

现在人们注意到，柬埔寨王室的后代在社会上越来越出名。以前，受政治制度影响，王室后代遭受迫害和歧视，这是首相声称他的政府必须避免的历史问题之一。史料记载，20世纪30年代，中国人移民到柬埔寨。这些难民被称为"原始华人"，后来，他们与高棉人结婚，生育子女，又有了子孙后代，这些人通常被称为"中国后代"。

万纳瑞斯说："中国在柬埔寨的形象受到了西哈努克市事件的影响。我想，中国政府和中国大使馆承认，柬埔寨的反华言论有抬头可能，需要及时化解。"

他强调了两国政府正在谈判，以努力解决犯罪问题并化解当地反华情绪，他补充道："对中国来说，赢得柬埔寨人民的心是很重要的。如果中国在柬埔寨失败了，那么在这个地区也会失败。"

只要中国有机会繁荣发展，新的中国社会将得以复兴其具有5000多年古老繁荣的文明。

四 加强友谊与合作

根据高棉语主流报纸《柬埔寨之光》发表的一篇文章，洪森首相于2014年1月30日中国传统新年期间向所有华裔高棉人发出贺信。他称赞华人在好日子和坏日子里都与柬埔寨站在一起。在外交关系上，柬埔寨现在与中国建立了全面战略合作伙伴关系。西哈努克亲王时期即20世纪50年代初柬埔寨就承认了毛泽东领导下的红色中国。

2019年5月15日，在中国举行的亚洲文明对话大会"文化旅游与人民交往"分论坛中，柬旅游部大臣唐坤表示，"一带一路"倡议将为丝绸之路所有共建国家提供加强合作的机会。

通过创建一揽子文化旅游产品，两国可以加强旅游和文化方面的合作，这种联系将促进和平、增加相互理解和增进国家间关系。因此，柬埔寨王国政府和中国政府将 2019 年定为加强和扩大旅游和文化合作年，或称"中柬文化旅游年"。在 2017 年中柬商务旅游合作论坛框架内双方进一步加强了互联互通，特别是人与人之间的互联互通。两国决定建立中柬文化村，且将很快在北京建成。此外，两国还在中国的几个省份设立了柬埔寨商务中心，促进交往和信息交流，让希望了解柬埔寨的中国商人和投资者受益。文化村和商务中心展示柬埔寨模式，以及与柬埔寨贸易、旅游、文化和投资相关的纪录片。此外，为了充分利用两国各自的优势，促进两国工业投资合作。

（一）中柬友谊台

中柬友谊台（CCFR）是一家老牌调频电台，由中国国际广播电台和柬埔寨国家广播电台合作成立。中柬友谊台是面向高棉语用户的移动新闻平台，包括新闻、音频、视频和广播节目。中国国际广播电台（CRI）成立于 1941 年 12 月 3 日，用 60 余种语言向全球广播，是世界上主要的多语种国际广播组织之一。

老一辈的柬埔寨人还记得，1956 年，源自北京的中国电台以短波的形式用高棉语开始广播。从 2008 年 12 月中国电台在柬埔寨设立节目制作室开始，其逐步覆盖几乎所有业务板块。在过去的几年里，中柬友谊台制作了越来越多的高棉语节目，满足想要了解中国的听众的需求。它在金边通过 FM96.5 广播，在暹粒通过 FM105 广播，并继续将广播范围扩大到特本克蒙省和西哈努克省。

中柬友谊台主任徐晓霞女士（高棉语名字 Arun）说，中柬友谊台是两个伟大国家之间的桥梁。她补充说，该电台不仅向柬埔寨推介中国的新闻或文化，而且拥有 60 多种外语的中国国际广播电台也向中国和世界广播柬埔寨的文化、艺术和重大事件。

（二）中国人修复高棉寺庙

1998 年，中国文物研究所（今中国文化遗产研究院）开始修复周萨神庙，并于 2008 年完工。

2007 年，开始修复茶胶寺，已于 2017 年底完工。中国向柬埔寨政府捐赠约 4000 万元人民币（约 600 万美元）。这是吴哥历史文化遗址的一座重要寺庙。

双方定于 2019 年底启动修复女王宫项目，将耗时 11 年。2018 年 1 月，中国和柬埔寨签署协议，柬埔寨王国政府将女王宫修缮项目委托给中国。除上述修缮项目外，中国政府还在研究吴哥地区和其他省份高棉寺庙的修复工作。

（三）柬中文化创意园

中国云南文化产业投资控股集团有限公司已投资 7000 多万美元，在暹粒吴哥的中心地带建设一个大型柬中文化创意园。这座占地 3.3 公顷的大型文化中心将成为文化旅游中心，包括可容纳 1500 人的吴哥微笑剧院、周达观博物馆、真腊文化中心、柬埔寨—中国文化交流中心、文化产品展览和餐厅等。

中国驻柬埔寨使馆驻暹粒领事办公室刘志杰主任表示，该文化中心不仅将为柬埔寨人民提供文化和创新的旅游景点，还将发挥积极作用，促进中国和柬埔寨之间的文化和艺术交流。此外，该项目也是为庆祝中柬两国建交 60 周年而设立。

（四）中国对柬教育援助：高等教育

自 1998 年以来，20 多年里，在全面和战略性的双边关系影响下，中国提供的奖学金和交流名额稳步增加。20 世纪 90 年代末，只有少量奖学金名额；然而，据报道，自 2000 年以来，名额增长了许多倍。截至 2016 年，中国向柬埔寨学生发放了 2000 多份教育奖学金。此外，习近平主席在 2016 年 10 月正式访问柬埔寨期间签署了 31 项协议，包括 2.37 亿美元的双边软贷款，并承诺为柬埔寨额外提供 500 个奖学金名额。这是自 1998 年以来，中国政府向柬埔寨提供的最大数量的奖学金名额。

自 1998 年起，中国政府开始向柬埔寨学生提供奖学金。1999 年，中国和柬埔寨签署了文化合作协定，促进了这一领域的合作。

从 1998 年到 2007 年，160 名柬埔寨学生前往中国学习。2014 年，在中国学习的柬埔寨学生人数增加到 557 名。到 2016 年底，得益于"一带一路"倡议，中国政府向 2000 名柬埔寨学生提供了奖学金。2017 年，334 名柬埔寨学生获得了中国的奖学金。

中国与柬埔寨的高等教育之间的联系始于向在中国学习的柬埔寨学生提供大学奖学金。在过去的 20 年里，有 2000 多名柬埔寨学生从中国的高等教育机构毕业。中国增加了对柬埔寨和其他发展中国家提供的奖学金名额，特别是通过中国政府、孔子学院和中国大学渠道。2017～2018 学年，181 名柬埔寨学生获得了中国政府的奖学金。中国越来越受留学生欢迎，2016 年，中国吸引了超过 44 万名外国学生，比 2012 年增长 35%。

中国继续在柬埔寨几所高校投资建设新建筑、实验室和设施。最近，波雷列国立农业大学和桔井大学通过驻柬埔寨的中国大使馆获得了 1000 万美元。一些高校和研究机构通过建立中文学习中心，促进学习和文化交流，并提高对中国研究的关注度。在中国大使馆的资助下，柬埔寨发展资源研究院最近成立了中国研究中心，以促进和支持对柬中关系的研究。中国还通过联合国教科文组织等多边捐助者增加了对发展中国家的教育援助。

中国政府已批准拨款 4000 万美元，用于柬埔寨学校环境改善项目，为 11 个省的 11 所学校和教学中心提供教育设施，并为柬埔寨培训教师。

柬埔寨教育大臣洪遵那隆表示，学习中文对柬埔寨学生有积极作用，每年约有 100 名学生获得奖学金在中国学习。学习中文对柬埔寨人也很重要。"在东南亚做生意的主要是华人，"他说，"新加坡、马来西亚、印度尼西亚和菲律宾也是这种情况。"

柬埔寨王国政府和中国政府将 2019 年确定为加强和扩大旅游和文化合作年，即"中柬文化旅游年"。2019 年 6 月 5 日晚，开幕式在金边四臂湾剧场举行，由兼任内阁办公厅大臣的常务副首相宾成和时任中国文化和旅游部部长雒树刚，以及柬旅游部大臣唐坤、文化艺术部大臣彭萨格娜主持。中国驻柬埔寨大使王文天等出席开幕式。

两国人文交流不断扩大。2016 年 1 月至 7 月，中国赴柬埔寨旅游人数比上年同期增长 12.4%。每天有数十个航班往返于中国和柬埔寨，有十多个中国城市可以直飞柬埔寨。此外，两国学生互派项目等人力资源培训的形式也在不断扩大。

得益于柬中两国政府之间的良好关系，柬埔寨的自由市场政策和民主原则得到尊重，华裔、华人、高棉人和中国移民不仅和平生活在一起，还一起成立了华文学校协会、中国餐馆、中文广播电台。越来越多的中国公司在柬埔寨开展商业活动，如投资公司、服装厂、鞋类企业，涉足建筑、桥梁、道路、大坝和采矿等领域。

五　总结

从 2010 年至今，柬中两国承诺进一步加强和扩大在政治、经济、教育、贸易、卫生、文化和旅游等领域的合作，以加强和提升双边关系。

目前，柬中关系更加牢固，凝聚力更强。几乎所有中国在柬埔寨投资的领域都在发展，这也显示了一些有趣的现象，既有积极一面，也有消极一面。重大积极面体现在：在柬埔寨各地，尤其是在城市、边境地区和沿海地区等关键地点，房价飞速增长，桥梁、道路和基础设施建设等迅速发展。但是，也有令人担忧的现象，影响了一些人的收入，有些中国移民傲慢、斗殴、破坏私人和公共财产的行为似乎还未引起当局的足够警觉。

虽然只有少数柬埔寨人是华人或华裔，但他们积极参与柬埔寨社会发展的各个方面。一般来说，他们不会受到当地高棉人的歧视或鄙视。他们在柬埔寨的商业和政治中发挥着重要作用。一些贷款人、货币兑换商、小型金融机构和其他相关企业对柬埔寨银行业有特殊影响。

华人和平地生活在高棉社会，也是最好接触的柬埔寨公民。初代华人不仅能够保持自己的传统，还会影响这些传统，并影响柬埔寨社会的商业、经济和其他部门。华人保持着他们的传统信仰，比如重视中国春节、泼水节、清明节等。他们从事不同职业，如外交官、商人、投资人、工程师、技术工人、劳工、中文教师等。由于富有，他们大多生活在城市和城镇。柬埔寨华人有很多机会去旅行，增加知识和了解。

简而言之，柬埔寨在经济上依赖中国，而中国在政治和战略上需要柬埔寨。两国将继续是好朋友。很重要的一点就是，两国共同努力，才能确保两国关系带来双赢局面。此外，必须努力加强投资管理和援助。许多文章表明，如果管理不善，如果在错误的背景下给予帮助，这是弊大于利的。在促进经济增长方面，要确保柬中合作的积极意义，需要有良好的领导力和负责任的政府，确立实现可持续发展的长期愿景。这方面重点在于提高透明度和促进信息传播，推广参与式发展方法，减少潜在的负面环境影响，并确保利益得到妥善处理以在所有相关方之间，特别是本地社区共享。

参考文献

A History of Chinese in Cambodia. https//m. phnompenhpost. com/post – plus/history – chinese – cambodia.

An, Baijie. (2019). "Greater Sino – Cambodian Effort Sought for Belt, Road". *China Daily.* 22 – 01.

Chanborey, Cheunboran. (2018). *Small State's Hard Choices: Cambodia between ASEAN and China.* CDC, Issue 5, November 2nd.

Chansok, Lak. (2019). *A Comparative Study on Soft Power of Japan and China on Cambodia's Foreign Policy.*

Charney, Michael W. , Yeoh, Brenda S. A. & Tong, Chee Kiong. (2003). *Chinese Migrants Abroad. Cultural, Educational and Social Dimensions of the Chinese Diaspora.* Singapore University Press.

Chea, Davith. (2019). Remembering the King Norodom Sihanouk (1922 – 2012). *Cambodia Daily.*

Craig, Lockard A. (2009). *Southeast Asia in World History.* Oxford University Press.

Ethnic Chinese in Cambodia: In the Southeast Asian Context. Translated from English by Tha Leang Ang, Touch Soputhy, Thol Dina, Vong Sotheara, Vong Meng. 2008 Center for Khmer Studies for the Khmer translation.

Filippi, Jean-Michel. Cambodia: The Swing of the Pendulum. In https: //www. phnompenhpost. com/post – plus/cambodia – swing – pendulum.

Heng, P. (2012). Cambodia – China Relations: A Positive – Sum Game? In J*ournal of Current Southeast Asian Affairs*, 31, 2, 57 – 85.

Jeldres, Julio. (2013). *China King Sihanouk and Democratic Kampuchea – A Case Study of Twin – track Diplomacy.*

———. *A Personal Reflection on Norodom Sihanouk and Zhou Enlai: An Extraordinary Friendship.* In the Fringers of the Cold War. East Asian History and Cultural Review.

———. *Democratic Kampuchea's Foreign Policy: A Leftover from the Chinese Cultural*

Revolution. DCC, 2017.

Kin, Phea, PhD. & Mr. Hean, Sras. *Cambodia – China Relations: Cultural Front.* International Relations Institute of Cambodia.

Kosal, Long. (2009). *Sino – Cambodia Relations.* CICP Working paper, N. 28.

Marks, Paul. (2000). *China's Cambodia Strategy.* From Parameters, Autumn, pp. 92 – 108.

Pichnorak, Siem. *How has China's Aid Influenced Cambodia's Foreign Policy?*, RUPP, 2014.

Po, S. (2017). "The limits of China's influence in Cambodia: A Soft Power Perspective". In *UC Occasional Paper Series*, 1 (2), 6175.

Richardson, Sophie Diamant. (2005). *China, Cambodia, and Five Principles of Peaceful Coexistence: Principles and Foreign Policy.* University of Virginia.

Sambath, Phou. *Cambodia – China Relations: Past, Present and Future.*

Tan, Chee Beng. (2013). *Routledge Handbook of the Chinese Diaspora.* Routledge.

Verver, M. (2012). Templates of "Chineseness" and Trajectories of Cambodian Chinese Entrepreneurship in Phnom Penh. In *Cross – Currents: East Asian History and Culture Review*, 1(2), 291 – 322.

William E. Willmott. (1967). *The Chinese in Cambodia.* University of British Columbia.

携手澜湄合作，共创彼此友谊

徐传博

北京大学区域与国别研究院研究员

"澜湄青年志愿者"项目受到中国外交部的支持，于2019年正式启动。在这一过程中，先后共有60余名北京大学本科生、研究生等报名参加。按照项目实施的计划安排，2019年7~8月，学生们前后分为四组，每一组又分设1~2名带队老师，分赴泰国信武里、柬埔寨三隆、老挝万象、泰国华欣四地从事支教和交流活动。

实际上，在出发之前，我们带队的教师和志愿者同学们大多心怀忐忑。由于是首次从事跨国志愿者活动，基本没有相关的经验可供借鉴。东南亚对于我们来说是陌生的国度，当地的社会文化、风俗习惯都与中国不尽相同。而且，大家又大多不懂当地语言。更何况，此行在当地停留的时间也极为有限，只有不到两个星期。总之，我们明白，此次志愿者活动面临着诸多困难和问题。因此在行前，我们并未设定过高的预期目标。在大家看来，此行最重要的是先作出一点成绩来，进而为今后的支教活动积累经验和教训。

不过，当我们到达以后，当地孩子们热情友好，迅速使我们打消了疑虑。起初，孩子们还比较认生和害羞，但是当相处一段时间以后，他们便完全融入课程学习之中。我们发现，这些孩子都非常聪明，他们的学习意愿很强。在整个支教过程中，孩子们都非常积极主动地与我们交流互动。同时，我们又感受到孩子们的纯真善良，他们经常给予我们各种帮助和支援。就这样，我们的教学工作进行得非常顺利。

在当地，我们的首要任务是对小学生进行教学和与大学人员进行交流。志愿者们前后共在当地的 3 所小学支教，其教学包括英语、绘画、体育等多个科目。

事前，我们对英语科目的教学做了一定的准备。我们制定了较为详细的教案，并打印了一部分教学用图片。在课堂上，我们向孩子们讲授日常使用的英语单词和日常问候的英文句子等内容。志愿者们还临时构思出许多新的教学模式。比如，通过向孩子们展示一些写有英文的图片，让孩子们看图识字，对此，孩子们都非常高兴。志愿者们也会用笔记本电脑给孩子们播放部分英文歌曲视频，并就着节拍与孩子们一起学唱这些歌曲。有的时候，我们也尝试与孩子们一边做游戏，一边教他们一些英文短句。就这样，在边玩边学的过程中，英语的教学任务进行得较为顺利。

临行前，我们也制订了一套绘画课程的教学计划。在到达当地以后，我们迅速采购了一批绘画用的彩笔、画纸、扇子等。这些皆是绘画课堂上必备的教学用具。我们教孩子们画当地的植物、动物等，告诉他们如何进行调色、涂色等。我们还准备了一张大纸板，在孩子们画完以后，让他们将自己的画作粘贴在纸板上集中进行展览，并让孩子们一起评选出其中的最佳作品。

体育课也许是最富趣味的课程了。在绿茵场上，孩子们一个个生龙活虎，他们兴致勃勃地询问我们要教他们何种体育项目。依照事前的教学计划，我们尝试教他们一些饶有趣味的体育活动，比如体操、拳术等。这颇令他们欣喜，尤其是对于中国拳术的部分招式，他们更是兴趣盎然。孩子们的欢声笑语令我们的志愿者同学们格外感到欣慰和激动。

就是在教与学的过程中，志愿者们与孩子们不知不觉增进了彼此之间的友谊。尽管很多时候，我们只能依靠翻译软件相互交流，但孩子们与我们迅速地亲密起来。志愿者们也渐渐与孩子们融为一体，气氛愈发热烈。在这一过程之中，发生了许多有趣而感人的事情。

许多孩子对中文非常感兴趣，他们会请志愿者们教他们一些中文的问候语，并给他们起中文的名字。他们说，只有这样叫起来，才会感到更加亲切。志愿者们时常看到，孩子们会在路上哼唱刚刚在课上学会的英文歌曲。我曾经听一位同学讲起，在泰国信武里组所在的学校，一对兄弟与志愿者同学无法通过语言直接交流。他们就经常拉着志愿者去他俩喜欢的校园里的一处地方，告诉志愿者们可以从这里以最佳角度观赏附近的美景。也有一个孩子将一小袋透亮的玻璃弹珠分给志愿者，让志愿者们与其共同玩弹弹珠的游戏。由于当地地处农村，经济生活条件有限，因此部分孩子对志愿者手持的照相机感到格外好奇。他们会用手比划出照相机的样子，请志愿者们为他们拍照。一些孩子还向志愿者展示了攀爬树木的本领。有一个孩子则让志愿者看了他制作的手工飞机，并演示如何使用。在体育课上，一些孩子还给志愿者们演示了泰国当地的拳法。在课余期间，他们也会反过来教志愿者们唱当地的民族歌曲。

孩子们对志愿者们的辛勤付出心怀感激之情。在万象组，课程结束以后的临别之日，孩子们还向志愿者们演出了由其自编自导的文艺节目。而在华欣组，孩子们经常在课余时间，端上一些由当地生产的塑料瓶装饮用水，分发给志愿者们饮用。当我们向他们道谢以后，他们会非常开心地微笑，然后向我们合十还礼。在三隆组，每天当志愿者们走进校园时，孩子们大老远看到，便会双手合十鞠躬问候。在志愿者离开的最后一天，孩子们甚至依依不舍地跟着车子一边奔跑一边喊："我爱你，I love you。"直到现在，这些令人备感温暖的场景依然萦绕在我们志愿者的心头。

由于篇幅限制，许多故事无法一一道来。总而言之，我认为，这次支教活动已经在柬埔寨、老挝、泰国三国的孩子们心中播下了友谊的种子。我相信，这将成为我们彼此共同的人生记忆。

除了完成小学的教学任务以外，我们还到访了当地一所大学，与大学里的师生们进行了交流互动。大学负责人向我们大体介绍了该大学目前的教学工作情况，我们也向对方介绍了我们此次支教活动的进展。负责的老师极为热情，最后她还指引我们参观了校园的各项设施。

此外，我们还组织志愿者同学们广泛参与了社区服务、环保、社会调研等其他社会活动。其中，尤以大象保护最令人难忘。对于身处中国城市中的学生而言，很难有机会近距离接触大象。因此，大家有机会可以与大象站在一起时，显得格外激动。大象饲养人员指示他们如何给大象喂食、洗刷。在这一过程中，志愿者们体会到了动物带给人的亲切之感，我想，这将有助于提高他们对动物的保护意识。

这次社会调研活动也使我们学到了很多。我们感受到澜湄国家民众不一样的生活面貌。在这里，道路清洁，即使是在夜市上，地面也看不到被丢弃的垃圾。民众的生活和娱乐多种多样。他们对古代文化传统的细心呵护，也令我们倍感敬佩。在与他们接触的过程中，我们也感受到他们的淳朴而真诚的本性。我想，这都是值得我们中国人学习的地方。

以上就是"澜湄青年志愿者"活动进行的大致过程。总的来说，此次支教活动意义重大。目前，我国正在推动以"一带一路"倡议合作为中心的基础设施建设项目，其中"民心相通"是极为重要的一部分。但是，中国目前在东南亚国家开展的与当地社区、民众之间的交流活动较少。由此，很多人可能对中国有所误解。我想，我们可以通过以"澜湄青年志愿者"活动为代表的一系列交流活动，扩大中国与东南亚国家的民间交流，这将有助于消除误解，增进彼此间的友谊。基于这一点，支教志愿活动在"一带一路"的项目建设之中具有重要的意义。我们希望今后能够有更多的中国青年志愿者走进澜湄地区，从事相关的志愿活动，进而更好地推进中国与澜湄地区国家的"民心相通"事业。最后，衷心祝愿中国与澜湄地区国家之间的友好关系永远持续下去。

柬中社会文化合作与互联互通

宋吉·苏格萨瓦

（Somchith Souksavath）

老挝社会科学院副研究员

一 中柬关系简史

中柬关系历史悠久。1296 年至 1297 年，中国特使周达观（高棉语名 Chiv Ta Koan）访问吴哥王国。自那时起，中柬关系达到了有史以来的最高点。

1945 年第二次世界大战结束后，柬埔寨王国在国家领导人西哈努克亲王治下，寻求同中国建立关系，以减轻邻国泰国与越南带来的影响；而随着美国在东南亚的影响力渐长，中国也希望维持与柬埔寨的盟友关系。1958 年 7 月 19 日，中柬正式建立外交关系。在此之后，老挝同中国在 1961 年 4 月 25 日建立了正式外交关系。中柬两国为巩固和加强双边关系及互联互通付出了巨大努力，目前已发展为全面的战略合作。柬埔寨国王西哈努克在不同时期几经波折，流亡过一段时间，也在北京生活过一段时间，他一直和中国保持着密切的关系。

1989 年以来，柬埔寨一直与中国合作，以确保成功转型为自由市场经济，并启动经济改革计划，将国有企业私有化、恢复私有产权、取消价格控制、鼓励外国投资。为了推动柬埔寨的发展，洪森在 1997 年 7 月后，便与中国保持紧密关系。中国对洪森领导的柬埔寨政府表示支持，是第一个正式承认洪森政权的国家。自那时起，金边同北京的关系稳步发展，两国高层开始定期进行互访，并加强了两国的经济联系（Radio Free Asia，2019）。过去 60 多年里，通过高层互访、两国的艺术交流演出以及 2008 年和 2018 年分别庆祝建交 50 周年、60 周年等活动，两国关系不断改善。

二　中柬社会文化合作与互联互通

中国是柬埔寨最重要的战略和经济伙伴。双边关系的基础建立在两国各代高层领导人保持的政治互信及良好私交之上。在 14 世纪时，中国绘画记录了高棉人以农耕、捕鱼、狩猎为主的传统生活状况。此外还有当地贸易与区域交流的记录存在。据 Moeun Nhean 所述，他在游览南京博物馆时，发现了明朝同包括柬埔寨在内的其他国家的一些外交文件，而博物馆陈列室中的明朝艺术作品与柬埔寨有着密切的联系。他又补充道，该博物馆中的一些文物被视为 700 年前中国和吴哥王国长期保持外交关系的新证据。

柬埔寨获得独立之后，西哈努克宣布对来自美、法、中的经济支持实施中立政策，这标志着中柬建立了经济关系（Jones，1955）。1955 年 4 月，即在宣布中柬建立经济关系的 5 个月前，西哈努克和中国总理周恩来在印尼万隆会议上首次进行会晤。10 个月后，西哈努克首次正式访问中国；而在 1 个月后，他也邀请了周恩来总理到访柬埔寨。从那时起，两国关系得到了发展，关系更加紧密。

在两国宣布建立经济关系后，柬埔寨于 1958 年承认了中华人民共和国，此后两国便建立了外交关系，合作不断扩大。柬中两国的双边关系以北京的外交政策为基础。在同中国发展良好关系的过程中，1997 年至 1998 年，柬埔寨获中国投资额增长了 3 倍，1999 年增长了 40%，中国成为对柬投资最多的国家（Ly，2018）。在现代，为进一步深化关系，两国建立新型伙伴关系，为巩固和加强双边关系及互联互通付出巨大努力，并已发展成为全面战略合作伙伴。

在洪森领导的政府下，两国高层开始了定期的正式互访，经济关系得到了加强。柬埔寨在 1989 年采用自由市场经济，并启动经济改革计划，将国有企业私有化，也实现了 GDP 两位数增长。在过去十年里，这一增长速度放缓为更为可控的数字，即每年 6% ~ 7%，人均 GDP 从 2000 年的 288 美元增长到 2008 年的 900 美元，2016 年增长为 1020 美元。

1997 年后，中国向洪森政府提供了 280 万美元贷款，以加强柬埔寨军队建设。到 1998 年 7 月，中国对柬投资从一年前的 3600 万美元增加了近 3 倍，达到 1.13 亿美元。2000 年 11 月，时任国家主席江泽民成为首位访问柬埔寨的中国领导人，访问期间，他和洪森宣布扩大双边合作范围（Radio Free Asia，2019）。

2002 年 11 月，时任中国总理朱镕基访问柬埔寨，他同意向洪森政府提供价值 1250 万美元的免息贷款及额外援助。两国同意将农业、人力资源和基础设施建设作为双边合作的重点。4 年后，温家宝总理访问柬埔寨，他承诺向柬埔寨提供 6 亿美元的发展援助及贷款。2008 年，在北京金边建立外交关系 50 周年之际，双方又达成了一揽子合作计划（Radio Free Asia，2019）。

最近，中国领导人提出了"一带一路"倡议（简写为 OBOR，后来又称为 BRI）。该倡议于 2013 年启动，旨在进一步连接亚洲、欧洲及非洲。"一带一路"倡议缘何如此受欢迎，并得到这么多支持？据许多研究员和学者所言，其原因是：第一，它遵循平等互利合作的原则，维护地区可持续发展和繁荣；第二，它的目标是互利共赢，这不仅仅是经济上的合作，也是政治、社会文化和安全上的合作；第三，它是开放包容的；第四，它是基于规则和法规的；第五，它的发展和计划是相互协同的。洪森说："实际上，中国提出的'一带一路'倡议通过有形的基础设施、机构和人民的互联互通以及企业间的合作，确实有助于加强和扩大'一带一路'共建国家的互利伙伴关系，实现双赢合作和共同繁荣。"（Xinhua/Sovannara，2019）柬埔寨内阁办公厅强调，两国通过共建"一带一路"扩大了一些在综合领域的合作，加快经济发展。为了能够进一步落实双方的合作（尤其是扩大人文交流合作），柬埔寨决定在北京建设一座柬埔寨—中国民俗文化园，该项目将尽快完成（Pressocm. gov. kh，2017）。

在"一带一路"倡议下，中国在柬、老、缅、越四国的许多开发项目中发挥领头作用。中国向柬、老、缅、越四国提议开展"澜湄合作"

（LMC）。该合作旨在加强中国同东盟国家的双边和多边关系，建立互信。中国的社会文化缘何对世界包括柬埔寨产生影响？原因是几乎世界上每个国家都有华侨。中国国家主席习近平认为，华侨在塑造国家的经济和政治方面发挥着巨大的作用，例如，中国海外交流协会就是一个通过中国国内外个人和组织开展民间交流的平台。它促进了贸易、科学技术、文化、教育、旅游和媒体等领域的交流与合作。华侨的关键作用，是通过传播中国文化来投射其软实力（Po，2017）。柬埔寨的华人可以通过许多方式影响国家的决策。例如，若华侨获得柬埔寨公民身份，那么他们可以为政府工作。在这种情况下，柬可以作出有利于中国的决策。此外，柬埔寨的大部分华人从商，通常有能力游说政府做出对中国友好的决定。

就中柬关系而言，省级双边互访愈发增多。在过去 20 多年中，两国关系不仅聚焦于经济发展，还扩展到政治、社会文化和安全合作等领域上。

柬中两国于 1958 年 7 月 19 日正式建立外交关系，双边关系不断发展，并于 2010 年升级为全面战略合作伙伴关系。首相洪森说道："在过去 60 年里，两国领导人一直致力于维护两国友谊，克服许多艰难险阻，领导两国和人民走向进步、繁荣与和谐。"（Xinhua，2018）洪森强调，中国的发展不仅改善了中国民生，也为柬埔寨以及世界各国的社会经济发展做出了贡献（Xinhua，2018）。

洪森说："我们两国之间的关系是建立在平等互信基础上的。"尼克·尚达里斯（Neak Chandarith）表示："柬中密切关系不仅有利于两国，也有利于维护本地区的和平、安全与繁荣"，"柬埔寨坚定地坚持'一个中国'原则，而中国坚定地尊重柬埔寨的独立和主权"（Xinhua，2019）。柬埔寨政治分析人士常·万纳瑞斯（Chheang Vannarith）观察到，今天的中国移民不同于他们的先祖，先祖将自己融入当地社区之中，与当地居民和平地生活在一起；而新的中国移民有些对学习高棉语、文化和历史没有太大兴趣（Millar，2018）。另外一个问题是，有些中国人经常不遵守当地文化习俗及法规（Po & Heng，2019）。

三　结论

中柬在许多方面关系良好，中柬关系长达700年之久，覆盖高层到基层。中国与柬政府合作，将资源分配给了基层民众和民间社会，两国关系应从人民的需要出发。总而言之，柬埔寨从与中国的良好关系中受益，特别是在援助和贷款、通过贸易和投资带来的社会和文化发展等方面。柬埔寨政府必须将外国投资来源多样化。此外，柬埔寨要研究与其他国家的关系，平衡邻国利弊，最大限度利用东盟及其邻国的优势。要实现该目标，柬埔寨第一步需要同东盟伙伴国家，特别是老挝、泰国和越南，建立更加友好和谐的关系。尽管柬埔寨现已从东盟伙伴的投资中获益，但它应采取更多方法，来进一步吸引来自东盟内部的投资者。通过鼓励更多来自东盟地区内部的投资，这些商业和人员交流将真正促进东盟的繁荣与发挥中心作用。东盟必须努力实现的理想目标，是建立一个强大有活力的东盟，使各成员国通过投资、合作和其他互惠互利方式来相互理解与互补。而作为东盟一部分的柬埔寨，在这方面可以发挥重要作用。

参考文献

Jones, J. R. (1955). Guides to Laos and Cambodia. Connecticut: The Globe Pequot Press Inc..

Ly, Bora. (2018). How China Influence Cambodia from the Past to the Present for the Case of Politics, Diplomacy, Military and Economic Relations Perspective.

Millar, Paul. (2018, November 13). Cambodia doesn't have Anti – China Nationalism yet. Southeast Asia Globe. Accessed December 4, 2019. http://sea – globe. com/anti – chinese – sentiment – in – cambodia/.

Po, S. (2017). The Limits of China's Influence in Cambodia: A Soft Power Perspective. UC Occasional Paper Series, 1 (2), 61 – 75.

Po, Sovinda, Heng, Kimkong. (2019). Assessing the Impacts of Chinese Investments in Cambodia: The Case of Preah Sihanoukville Province. A Working Paper on China – Cambodia Relations. Issues & Insights. Vol. 19, Wp4 ｜ May 2019.

Pressocm. gov. kh. (2017). Remark Samdech Techo Hun Sen at the 2017 Cambodia – China Trade and Tourism Promotion Forum [online]. Available at http：//pressocm. gov. kh/en/ archives/5924 [Accessed 26 Mar. 2018].

Radio Free Asia. (2019). https：//www. rfa. org/english/news/special/chinacambodia/relation. html.

Xinhua. (2018). Cambodia, China Jointly Mark 60th Anniversary of Diplomatic Ties.

Xinhua. (2019). Cambodian PM Praises China for Tremendous Achievements over Last 70 Years. http：//www. xinhuanet. com/english/2019 – 09/26/c_ 138422577. htm.

Xinhua/Sovannara (2019). Second BRI to Expand Cambodia – China Cooperation.

Zhou, D. & Harris, P. (2007). *Zhou Daguan：A Record of Cambodia.* Chaing Mai：Silkworm Book.

图书在版编目（CIP）数据

面向命运共同体的中柬全面战略合作伙伴关系：中外联合研究报告 . No. 9／王灵桂，（柬埔寨）宋独主编 . -- 北京：社会科学文献出版社，2021. 11

ISBN 978 - 7 - 5201 - 8807 - 4

Ⅰ. ①面… Ⅱ. ①王… ②宋… Ⅲ. ①中外关系 - 研究报告 - 柬埔寨 Ⅳ. ①D822. 333. 5

中国版本图书馆 CIP 数据核字（2021）第 168247 号

面向命运共同体的中柬全面战略合作伙伴关系
——中外联合研究报告（No. 9）

主　　编／王灵桂　〔柬〕宋　独
执行主编／赵江林　〔柬〕金　平　顾佳赟

出 版 人／王利民
责任编辑／祝得彬　王小艳
责任印制／王京美

出　　版／社会科学文献出版社·当代世界出版分社（010）59367004
　　　　　地址：北京市北三环中路甲 29 号院华龙大厦　邮编：100029
　　　　　网址：www. ssap. com. cn
发　　行／市场营销中心（010）59367081　59367083
印　　装／三河市尚艺印装有限公司

规　　格／开 本：787mm × 1092mm　1/16
　　　　　印 张：11. 5　字 数：169 千字
版　　次／2021 年 11 月第 1 版　2021 年 11 月第 1 次印刷
书　　号／ISBN 978 - 7 - 5201 - 8807 - 4
定　　价／98. 00 元

本书如有印装质量问题，请与读者服务中心（010 - 59367028）联系